HERMES

在古希腊神话中,赫耳墨斯是宙斯和迈亚的儿子,奥林波斯神们的信使,道路与边界之神,睡眠与梦想之神,死者的向导,演说者、商人、小偷、旅者和牧人的保护神……

西方传统 经典与解释
Classici et Commentarii
HERMES
古典学丛编

刘小枫 ● 主编

西方古典文献学发凡

Beginning Western Classical Philology

刘小枫 | 编
丰卫平 | 译

华夏出版社

本成果受到中国人民大学"985 工程"的支持

"古典学丛编"出版说明

近百年来,我国学界先后引进了西方现代文教的几乎所有各类学科——之所以说"几乎",因为我们迄今尚未引进西方现代文教中的古典学。原因似乎不难理解:我们需要引进的是自己没有的东西——我国文教传统源远流长、一以贯之,并无"古典学问"与"现代学问"之分,其历史延续性和完整性,西方文教传统实难比拟。然而,清末废除科举制施行新学之后,我国文教传统被迫面临"古典学问"与"现代学问"的切割,从而有了现代意义上的"古今之争"。既然西方的现代性已然成了我们自己的现代性,如何对待已然变成"古典"的传统文教经典同样成了我们的问题。在这一历史背景下,我们实有必要深入认识在西方现代文教制度中已有近三百年历史的古典学这一与哲学、文学、史学并立的一级学科。

认识西方的古典学为的是应对我们自己所面临的现代文教问题:即能否化解、如何化解西方现代文明的挑战。西方的古典学乃现代文教制度的产物,带有难以抹去的现代学问品质。如果我们要建设自己的古典学,就不可唯西方的古典学传统是从,而是应该建设有中国特色的古典学:恢复古传文教经典在百年前尚且一以贯之地具有的现实教化作用。深入了解西方古典学的来龙去脉及其内在问题,有助于懂得前车之鉴:古典学为何满足于"钻故纸堆",与现代问题了不相干。认识西方古典学的成败得失,有助于我们体会到,成为一个真正的学人的必经之途仍然是研习古传经典,中国的古典学理应是我们已然后现代化了的文教制度的基础——学习古传经典将带给我们的是通透的生活感觉、审慎的政治观念、高贵的伦理态度,永远有当下意义。

本丛编旨在译介西方古典学的基本文献:凡学科建设、古典学史发微乃至具体的古典研究成果,一概统而编之。

古典文明研究工作坊
西方典籍编译部乙组
2011 年元月

目 录

编者前言（刘小枫） ·· 1

维森博格　西方古典语文学简史 ································ 1
  一、古希腊语文学 ·· 1
  二、古罗马语文学 ·· 8
  三、西欧中世纪古典语文学 ·· 13
  四、近代古典语文学 ·· 15

厄森胡特　西方古代修辞术简史 ································ 36
  引论：修辞术课程 ·· 36
  一、古希腊修辞术 ·· 44
  二、古罗马修辞术 ·· 90
  三、公元 2 世纪以来的修辞术 ································ 124

耶格尔　文本考据 ·· 136
  一、抄件 ·· 137
  二、抄件的识读 ·· 142
  三、文本考订 ··· 149
  四、考订版 ·· 166

编者前言

收入这本小书的三篇文本,选自德国大学古典学系的本科教材,旨在为我国大学的古典学本科建设提供参考。不用说,我们的古典学当以修习中国文史典籍为要,打破现有的文史哲学科划分(古典学问并没有这样的专业分割)。然而,西方大学的古典学系没有也不需要中国文史典籍课程,我们的古典学系却不得不修习西方的古代文史典籍。理由非常简单:百年来的中国越来越西化,究竟会西化成什么样子,我们迄今谁都没底。认识西方文教传统,是我们的古典学"专业"面临的重大历史课题。

严格来讲,西方的古典学是一门相对于基督教神学的学科,古典学这门学科在西方的诞生,是所谓"异教"(古希腊罗马文明)复兴的产物,尽管基督教神学早已成为西方古典文明的重要组成部分。由此可以理解,西方大学中的古典学这门学科理所当然不会包含基督教文史。反过来看,虽然基于政教分离原则和某些教派原则,英语国家的大学把基督教神学专业圈限在神学院内,神学专业并不包括古典学训练,但按照欧陆大学传统,古典学训练仍然是神学教育的基础。如果要建设我们的古典学专业,显然就应该把基督教文史纳入西方古典学范畴。总之,我国大学的古典学系绝不可能也不应该是西方大学古典学系的复制,否则就成了古希腊罗马文史研究。

本书中的三篇文本分别扼要介绍了西方的古典语文学史、古代修辞学史和"文本考据学"（Textcritic，又译"校勘学"），均属于古典文献学的常识，看起来与我国的古典文献学没有太大差别。然而，西方的古典文献学史隐含着西方文明自身内部的问题，唯有关注到这些问题，我们才会意识到中国与西方的古典文献学的差异。

西方的古典文献学对我国学界来说还十分陌生，许多术语的翻译尚缺乏经验积累，学界对不少历史人物的译名也未统一，还有待数代学士反复琢磨和定制。译稿虽经反复校订，错误或不当之处在所难免，盼识者不吝指正。

刘小枫

2012 年 3 月

西方古典语文学简史

维森博格(Weisenberg)著

在罗马,公元前2世纪出现的对拉丁诗人作品的语文学研究,大约是在拉丁文学出现100年之后。与文学本身一样,罗马的语文学并非仅仅植根于拉丁语,而是完整地继承了希腊文化圈中的模式。要概览罗马的语文学历史,必定要首先考察希腊以及东地中海地区受希腊文化影响的城邦。

一、古希腊语文学

1. 前亚历山大时期(大约至公元前300年)

在亚历山大时期(公元前3世纪)的前十年,作为独立学科门类的语文学发展了起来。但是,对诗人文本的最初研究——其中至少可以辨识出语文学研究活动的一些要素——还可追溯得更早。比如,我们知道,忒阿格涅斯(Theagenes von Rhegion,公元前6世纪)不仅收集了有关希腊第一位诗人荷马(Homer)的传记,而且阐释了文本:他尝试运用寓意的解释方法,为荷马史诗中传播的、早在公元前6世纪就遭到批判的诸神想象辩护。

据我们所知,一直到公元前4世纪,荷马都是"前语文学"研究的唯一对象。除用于本题解释的著作外,人们也尽力确证古老的史诗有可信的文本。不过,在此种情况下,人们常常提及的所谓"佩西斯特拉托斯(Peisistrato)评注"(公元前6世纪末,在僭主佩西斯特拉托斯儿子们的统治下,雅典用书面形式记录了一定程度上算是"官方的"荷马文本)不能被证明实有其物。相反,可以确证的是,科洛普丰(Kolophon)诗人安提马库斯(Antimachus,约公元前400年)完成了一个荷马版本。后来,在亚历山大里亚发展出了严格的文本考订对勘流程,但是,若说安提马库斯或者为学生亚历山大亲自修改荷马文本的亚里士多德已经使用了这套流程,不过是无稽之谈。

按照后来的语文学标准,即便所谓的"雅典的城邦样本"——公元前5世纪阿提卡三大肃剧诗人(埃斯库罗斯、索福克勒斯、欧里庇得斯)的全集,根据吕库戈(Lykurgos)的倡议编订,大约在公元前330年完成——也并非考订本,不过是当时流行文本的记录,但由此避免了对文本的进一步任意修改(这种修改主要是为演出所做的补充,即演员为重演的旧剧本添加词句)。

前亚历山大时期,语文学的其他领域总算也有了基础:越来越多所谓的"智术师"研究了语法和语言学问题,比如,普罗塔戈拉(Protagoras)首次描述语法的性和语式,普罗狄科(Prodikos)为同义词奠定基础,希琵阿斯(Hippias)论述语言中音素的作用。公元前4世纪,柏拉图和亚里士多德进一步推进了此类研究。亚里士多德以及他创立的逍遥学派也致力于系统地研究历史事实,这对理解古诗很重要:亚里士多德本人完成了 Didaskalien 的汇编,即雅典肃剧和谐剧的表演记录。亚里士多德的学生忒奥弗拉斯托斯(Theophrastos)、庞提科斯(Herakleides Pontikos)、卡麦勒翁(Chamaeleon)等,推广和深化了这种尚古的研究。按照这些著作标题中的第一个词,产生了所谓的论文学(Peri - Literatur,希腊语περί[论、关于])。公元前297年,逍遥学派代表之一、帕勒隆(Phaleron)的博学者德米特里(Demetrios)从雅典移居亚历山大里亚。此人身处即将结束的雅典语文学时期和即将到来的亚历山大语文学时期之间。

2. 亚历山大时期

埃及国王托勒密一世(Ptolemaios Soter,公元前305—前285)身边聚集了一批学者和诗人。他们感觉到生活的方方面面都充满了强烈的变革气息,齐心协力要保存希腊文学,尤其是诗学上不可计量的遗产。同样,他们进行深入的研究,尝试把研究成果用于自己的诗作,从而取得了丰硕的成果。在这类新型的第一代"诗人语文学家"当中,最有声望的代表人物是科斯(Kos)的菲利塔斯(Philitas,约公元前325—前285),早在古代的引述中,他已被称作"诗人兼语文学家"。兴许是出于帕勒隆的德米特里的建议,在托勒密一世统治期间,博物馆便已建立。这是由国王资助的住宿、研究和教学场所,其中心是图书馆。公元前285年左右,此图书馆藏书已达二十万册(卷),远远超过当时希腊已有的全部藏书(亚里士多德生活的时期藏书最多)。至公元前1世纪中叶,图书馆(所谓Brucheion)的最大藏书量已达大约七十万卷。而亚历山大第二图书馆,约在托勒密三世欧尔格特斯(Euergetes,公元前246—前221年在位)时建立的塞拉佩翁(Serapeion),藏书量从未超过四万三千卷。

在亚历山大里亚,语文学一开始就是独立的学科,目标是保存和解释古典文学。不过,人们并不知道,菲利塔斯的学生、厄菲索斯(Ephesos)的泽诺多托斯(Zenodotos)是新建图书馆的第一任馆长,他将自己的研究用于自己的诗作。泽诺多托斯第一个完成了荷马史诗和赫西俄德(Hesiodus)诗歌的文本考订,目的在于恢复原始文本。在诸多不同的传本中,他尝试做出具有说服力的判断。他首创并使用所谓的质疑号(obelos,写作"—"),用来表示有疑义的诗句。不过,有疑义的诗行仍然保留在文本中,方便读者自己做出决定。因而,泽诺多托斯创立了现代文本考订的一项原则,对他而言,一些流传文本考订本中的可疑之处并无关紧要。和泽诺多托斯一样,在语文学上对史诗做出类似开创性工作的,还有同时代从事谐剧创作的吕科弗隆(Lykophron)和从事肃剧创作的埃托罗斯(Alexandros Aitolos)。

以前,人们曾误以为居勒尼(Kyrene)的卡利马科斯(Kallimachos,约公元前310—前240)担任过图书馆馆长,不过,尽管他从未担任过这一职务,但还是为图书馆成为学术研究的工具做了奠基性的工作。在收藏了120册书的皮纳克斯(Pinakes),他为读者呈现了图书馆当时的图书目录。目录按文学体裁分为六组,其中作者依字母顺序排列,每位作家都附有生卒年月和作品一览表。在从事学术研究之余,卡利马科斯也挤出时间作诗。作为诗人,他表述了古希腊文化中新诗学的纲领。

在卡利马科斯的众多学生当中,阿波罗尼奥斯(Apollonios Rhodios,约公元前300—前246)最重要,他后来成为泽诺多托斯的继任者,担任图书馆馆长一职。关于他的语文学研究工作,我们所知不多,但他是最后一位伟大的亚历山大学者。作为诗人,他也颇有名声。他的四卷本阿尔戈(Argonauten)史诗(《阿尔戈英雄纪》[*Argonautika*])完整保存了下来。

阿波罗尼奥斯的继任者是居勒尼的埃拉托斯忒涅斯（Eratosthenes，约公元前276—前195），对他而言，作诗仅仅是副业。他渴望博学广闻，并孜孜以求涉猎自然学的全部领域。为了表达这种新的愿望，他称自己为语文学家（philologos, φιλόλογος），由此与那些被他称作考订学家（kritikoi, κριτικοί）和文法学家（grammatikoi, γραμματικοί）的前辈保持距离。在语文学领域，他的主要著作是一套关于旧谐剧的论著，至少十二卷。有些人认为，文学作品可以作为精确信息的来源，例如，根据《奥德赛》中的说法，他们尝试确定奥德修斯海上经历的旅程的地理位置。埃拉托斯忒涅斯与这些人不同，他在一篇讽刺性评论中认为，如果是那样，人们就得事先找到鞋匠，因为他要缝好艾俄洛斯（Aiolos）的皮风向袋。

在埃拉托斯忒涅斯的继任者、拜占庭的阿里斯托芬（Aristophanes，约公元前255—前180）那里，亚历山大语文学达到了顶峰。据我们所知，阿里斯托芬既不是诗人，也不是自然学家。然而，无论就规模还是质量而言，他的语文学研究工作都卓有成效：古希腊、罗马之后的几百年间（更不用提中世纪了），他在叙事诗人、抒情诗人、肃剧作家和谐剧作家的文本考订方面无人能及，从而奠定了所有这些文本继续流传的基础。与他的前任相比，阿里斯托芬发展出一套范围更广、更完善的文本考订符号系统。在字母顺序不清楚的情况下，他用自己发明的重音符号辨别词语，并通过加标点使前后一致，让句法理解起来更容易。他首创了非连续记录抒情诗的方法，通过划分新的诗行，使韵律单位之间有了停顿，该方法沿用至今。他关于肃剧作家与谐剧诗人阿里斯托芬的作品《设想》（Hypotheseis）（内容提要、拉丁语写成的争论）以提要的形式保留了下来。除了出版方面的工作，阿里斯托芬还有一部内容丰富的词典编撰法著作,其中,他区分了较旧和较新的词汇,详细论述了不同地区和不同方言的语言特征,以此在希腊语言学领域作出了开创性的工作。作为文学评论家,他凭借自己严谨的评注,对后来的文本传播产生了决定性的影响。在一份被奉为经典(canones)的文学作品目录中,即使不是全部,也有一部分出自阿里斯托芬,其中记录了每一文学体裁的典范性代表(比如三大肃剧作家:埃斯库罗斯、索福克勒斯、欧里庇得斯;希腊人称为 *οἱ ἐγκριθέντες* 以及 *οἱ πραττόμενοι*,罗马人叫作 classici)。未被收录在这一经典作家目录中的作品,几乎全都未能保存下来。对较早时期绝大部分希腊文学的传本史而言,阿里斯托芬的重要性也不容低估。

阿里斯塔科斯(Aristarchos von Samothrake,约公元前 217—前 145)是亚历山大里亚最后一位重要的语文学家,他的研究工作的重点是评注,这是他的前任所忽视的领域。阿里斯塔科斯撰写了差不多所有重要诗人和一位散文家(纪事家希罗多德)的绪论(hypomnemata,*ὑπομνήματα*)。根据一本拜占庭辞典的记录,他总共评述过 800 本书。据我们所知,这些绪论包括内容丰富的词语解释和对事物本身所作的解释,还比较了它们之间的重要性。总之,在阐释中,阿里斯塔科斯遵循着从作者本身出发解释作者的原则。

大约在公元前 145 年,由于托勒密帝国的政治动乱,亚历山大语文学的鼎盛时期结束了。许多学者离开埃及,以便在别处继续这一传统。但是,古希腊、罗马的希腊语文学再也没有达到阿里斯托芬或阿里斯塔科斯的学术水平。在传播开的亚历山大派语文学文献中,没有一本是原著。我们对这些文献的认识仅仅限于笺注(古代和中世纪的评论)、辞典、阿忒奈俄斯(Athenaios)等后古典作家以及新近发现的纸莎草发掘物。

3. 珀尔伽蒙（Pergamon）

自公元前 2 世纪开始,一种针对亚历山大派语文学的语文学传统产生了,这一新传统即珀尔伽蒙派。这一流派由国王阿塔洛斯一世（Attalos I., 公元前 241—前 197）创立,并在其继任者欧迈涅斯二世（Eumenes II., 公元前 197—前 158）的统治下达到全盛。他不仅为珀尔伽蒙招徕了著名的廊下派成员马洛斯（Mallos）人克拉底斯（Krates）和他的一些学生,而且也在那里——明显与亚历山大派对抗——建立了一所大型图书馆。粗略看来,在语文学史上,珀尔伽蒙派的重要性体现在以下方面:

- 完善了廊下派阐释的语法系统。对我们而言,这种语法研究的一个具体结果是保存了完整的忒拉克斯（Dionysios Thrax,出生于公元前 166 年左右）希腊语法,此人生活在罗德岛,是阿里斯塔科斯的学生,却深受珀尔伽蒙—廊下派的影响。他著作虽然不多,却提供了迄今仍常用的术语,"几乎还没有第二本同样篇幅的书产生类似影响"（古德曼［Gudeman］,《概论》,页 53）。

- 与阿里斯塔科斯的阐释方法明显相反,珀尔伽蒙派复兴了对荷马史诗的讽喻式阐释,这种阐释可追溯到公元前 6 世纪。通过运用这种方式,人们尝试从荷马的作品中获知完整的廊下派学说。

- 与注重词语考订和词语解释的亚历山大派语文学（埃拉托斯忒涅斯除外）相反,在珀尔伽蒙,人们的研究更广泛且更多样化,逐渐发展出特洛亚的珀勒蒙（Polemon,约公元前 2 世纪上半叶）等人纯粹尚古的博学研究方式。对这些人而言,古代诗作主要被看作是历史学、神话学、地理学和其他专业知识研究的宝库——这些趋势与 19 世纪实证主义古学研究的部分做法有奇特的亲缘。

● 珀尔伽蒙派的重要性尤其体现在,它对罗马语文学的形成和发展产生了强烈影响。克拉底斯因为腿部骨折不得不在罗马逗留数月,他利用这段时间讲学,引起轰动。自苏埃顿(Sueton)(《论语法》[*De grammaticis* If.])以来,此事常被提及,然而其重要性可能被高估了。公元前1世纪,珀尔伽蒙派对罗马精神生活产生了持久的影响,代表人物如休吉努斯(Hyginus)的老师波利希斯托(Polyhistor,约公元前100—前46),以及珀尔伽蒙的阿波罗多洛斯(Apollodoros)——年轻的屋大维曾在他那里学习过。

二、古罗马语文学

1. 共和国和早期帝制时代

虽然苏埃顿让罗马语文学的历史发端于克拉底斯在罗马的逗留,但是,更有可能是发端于公元前2世纪上半叶,此时罗马逐渐形成了一个适宜的社会和文化环境:"富有是必要的……生活方式和鉴赏力的高尚化必被当作美德"(卡斯特[Kaster],《语文学史》[*Geschichte der Philologie*],页4)。随着精神生活条件的逐步改善,精神文化最晚的成果——语文学,即对文学的思考性研究——在罗马成熟起来。

文学在罗马安家足足一百年后,罗马出现了两位著名的学者,他们在罗马逐渐产生了影响。其中,第一位是阿克基乌斯(Accius,约公元前170—前86),他撰写了有关希腊语和拉丁语作家——如安得罗尼库斯(Andronicus)、奈维乌斯(Naevius)、帕库维乌斯(Pacuvius)——的著作,探讨年代学问题,研究普劳图斯剧本的真伪问题,并制订了正字法的改革议案。另一位是斯提洛(L. Aelius Stilo,出生于公元前 140 年左右),瓦罗和西塞罗的老师,在公元前 100 年陪同梅特路斯(Metellus)流亡到罗德岛。他可能在罗德岛见过忒拉克斯。梅特路斯的著作卷册浩繁,把精确的语言分析和实际情况联系了起来。其中,他研究了最古老的拉丁语碑文(撒利安歌曲、十二铜表法)和普劳图斯剧本(他认为有 25 部戏剧是真作,参见格利乌斯[Gellius]3,3,12)。

瓦罗(公元前 116—前 27)被视为罗马最伟大的学者,在其同时代的人中就已享有如此高声望。在罗马的第一个公共图书馆(约公元前 38 年由波利奥[Asinius Pollio]创建)里面,他是唯一一个在有生之年就有画像被挂起来的学者,深受人们的尊敬。他的著述内容丰富、题材多样(文法、文学史、尚古的历史和地理学的研究),可惜,只有五卷本的《论拉丁语》(De lingua Latina)以及一卷关于农业的专著(《论农事》[De re rustica])保存下来。瓦罗对罗马文学史的形成产生了决定性的影响(比如,他认为,21 部流传下来的普劳图斯谐剧是真作,参见格利乌斯 3,3,2 – 9)。他创造了一种词源学,和他的同侪菲古卢斯(Nigidius Figulus,死于公元前 45 年,著有至少二十九卷的《文法评注》[Commentarii grammatici])一起,成为如今仍在使用的拉丁语语法术语的创制者。

公元 1 世纪,罗马语文学产生了许多重要人物。不过,系统的、从前人的研究工作获取资料的手册,以及适宜教学活动的材料编写,逐渐替代了独立的学术研究。比如,弗拉库斯(M. Verrius Flaccus,约公元前 55—公元 20)以瓦罗为基础完成了词典编撰学著作《论词的意义》(De verborum significant),这是一部有关古拉丁语、远古风俗习惯以及古罗马教育事业和城邦制度的珍贵著作。这部著作经过两次缩写,成了删节本:公元 3 世纪初由菲斯图斯(Festus)缩写,公元 8 世纪由狄阿科努斯(Paulus Diaconus)再次缩写,部分删节本保存了下来。昆体良的老师帕勒蒙(Remmius Palaemon)在公元 67—77 年间出版了以忒拉克斯为依据的《文法学》(*Ars grammatica*),该书是后来所有拉丁语语法的基础。贝鲁特(Berytos)的普鲁布斯(M. Valerius Probus,生于公元 40 年左右),罗马最伟大的文本考订者,按照亚历山大派的做法考订维吉尔著作的各种版本,不过他也考订了一些不怎么"流行的"作家的作品,比如卢克莱修和泰伦斯。普鲁布斯成为公元 2 世纪古风学者的一个先驱者。佩蒂安努斯(Asconius Pedianus,约公元 9—76)评注了西塞罗的五篇演说稿,其中有两篇现已失传。罗马语文学以急剧膨胀的自我意识看待自身和研究对象——拉丁语文学,阿斯孔尼乌斯(Asconius)撰写自己的西塞罗拉丁语评注时,完全意识到比他年长的同时代人狄丢摩斯(Didymos)的德摩斯忒涅评注。本节应以生活在公元 2 世纪的特兰奎路斯(C. Suetonius Tranquillus)作结。从篇幅上看,他百科全书式的著作在范围和深度上堪比瓦罗,但极少保存下来。他充分利用了瓦罗的著作,并刻意在文体形式上迎合了时代的品位。因此,他无意中导致了自己著作的佚失。

2. 帝制时代中期和古代晚期

博学广闻的汇编决定了公元 2 世纪罗马语文学的特征,例如,我们读到的格利乌斯的《阿提卡之夜》(*Noctes Atticae*)就有删节本(epitomai)。这一时期的文学品位偏爱古风时期的风格。人们甚至将古拉丁语作家看得比"经典作家"还高(在格利乌斯那里,第一次出现了有现代意义的表达:经典作家[scriptor classicus])。哈德里安(Hadrian)时期的卡塞利乌斯索引(L. Casellius Index)就编了《古典精选》(*Antiquae lectiones*)——一部按字母顺序排列的古拉丁语词语注释汇编,以摘选的形式保留在卡西奥多(Cassiodor)名下。格利乌斯的老师阿波利纳瑞斯(C. Sulpicius Apollinaris)研究泰伦斯,他以三音步撰写了六部谐剧的内容提要(periochae),保存至今。但是,也有人对经典作家加以评注,比如,斯卡乌卢斯(Q. Terentius Scaurus,哈德里安时期最有声望的语文学家,仅存两部短小的著作《论正字法》[*De orthographia*])和波菲里奥(Pomponius Porphyro,约生活在公元200年左右,其著作保存下来的有删节本)对贺拉斯的评注。

公元3世纪的政治和经济危机持续了几十年之久,导致教育和语文学水平下降,甚至低于中世纪早期。这一时期值得一提的仅有肯索里努斯(Censorinus),他的《论时日的诞生》(*De die natali*,公元238年)保存了下来,该书完全以苏埃顿、瓦罗为基础。萨凯尔多斯(Plotius Sacerdos)的《文法技巧手册》(*Artium grammaticarum libri*,公元3世纪末出版)也留存了下来。

在随后的两百年,拉丁语文学获得了重要发展,这与产生于该时期的著作的独创性和质量没有关联,而是因为这些著作大多都保存了下来,对中世纪和近代的教育事业产生了决定性影响。公元4—5世纪语文学家的规范著作通行数个世纪,尤其在经典作家评注和系统(教学)文法两方面。马凯路斯(Nonius Marcellus,约公元4世纪上半叶)为其儿子编写了二十卷本的《论初阶教学》(*De compendiosa doctrina*),这是一部具有词典性质、以文法和尚古为导向的著作。古代晚期和中世纪权威拉丁语法出自多纳图斯(Aelius Donatus)之手,他是圣经翻译者希罗尼穆斯(Hieronymus)的老师。文法分为两部分,即所谓的用于初级课程的小艺(ars minor)和用于进阶课程的大艺(ars maior)。多纳图斯对泰伦斯谐剧的评注内容丰富,涉及泰伦斯六部谐剧中的五部,保存至今,而对维吉尔的评注则极少保留下来。在悠久的传统中,我们获取的有关泰伦斯的评注出自塞尔维乌斯(Servius)之手(同样是公元4世纪),但他在文学考订的深度方面让人失望。公元500年左右,普瑞斯基阿努斯(Priscianus 撰写了内容十分广博的拉丁语文法(十八卷本的《文法原理》[*Institutio grammatical*]),据现代考订,他是"一个肤浅、迟钝的抄写者,同样也是一个低劣的文体学家"(古德曼,《概要》,页129以下),其著作和多纳图斯的一样,传播最广。此外,不怎么重要的卡瑞斯乌斯(Charisius)和狄奥墨德斯(Diomedes)的拉丁语文法(两人都大约生活在公元400年左右),主要为东罗马帝国的公众而写。马克罗比乌斯(Macrobius)的《农神节》(*Saturnalia*)生动地向我们展现了一幅公元400年左右的文化人的兴趣爱好和辩论方式,此书还包括一篇对西塞罗的《斯基皮奥之梦》(*somnium Scipionis*)的评注,流传至今。

应当提及的最后两个人物已临近中世纪的开端。波厄修斯(Boëthius,约公元480—524)是最后一个全面掌握希腊语和希腊文学的罗马学者,通过翻译亚里士多德,他对中世纪的哲学思想产生了重要的影响。卡西奥多鲁斯(Cassiodorus,公元485—580)是维瓦留姆修道院(Monasterium Vivariense)图书馆的创建者,他为修道院僧侣编写了《修道院生活指南》(*Institutiones*)一书,书中规定,阅读和传抄古老文学是一项适当的活动。在小册子《论正字法》中,卡西奥多鲁斯传授给抄写员一种主导思想,要力争避免已有的尤其因发音改变而导致的笔误。类似于卡西诺山(Monte Cassino)修道院本笃会,卡西奥多鲁斯借此创建了贯穿整个中世纪的传统,倘若没有这个传统,非基督教的古代拉丁语文学就可能荡然无存。

三、西欧中世纪古典语文学

一成不变的时代界限往往似是而非,即便经不起推敲,但为了明确起见,也应当确定一个年代数字,作为从古代到中世纪的过渡标志。因此,具有象征意义的公元529年便适合作为思想史的分段。这一年,维持了900多年的雅典柏拉图学园落下帷幕,圣本笃(Benedikt von Nursia)在卡西诺山创建了修道院。而在确定中世纪的结束时间时,根据不同的视角和地域,会有约一个半世纪的误差。在古典语文学的历史上,中世纪结束于14世纪上半叶,首先是在意大利,西欧其他城邦则稍晚一些。

在中世纪的大约八百年中,古代的教育和文学的命运可分为三个阶段。在衰退时期,尽管也有个别的挽救尝试,比如,图尔的格雷戈尔(Gregor von Tours,公元540—594)或塞维拉的伊西多尔(Isidor von Sevilla,公元570—636)曾经作过努力,但也未能阻挡大部分古代拉丁文学不可挽回的遗失。即便有一些幸存下来,也应归功于修道院,尤其是爱尔兰人建立的博比奥(Bobbio)和圣加仑(St. Gallen)修道院。

随着短暂的"卡洛林文艺复兴"(自公元8世纪最后25年以来),人们对古代拉丁文学遗产的兴趣复活了,并且在"本笃会时期"(一直到1100年左右)仍然持续保留着这种兴趣。这一时期是修道院学校和修道院图书馆的鼎盛期。意大利的教育中心是博比奥和卡西诺修道院,法国的教育中心是图尔(Tours)、弗勒里(Fleury)、费里埃(Ferrieres)、科尔比(Corbie)和克鲁尼(Cluny),德语区的教育中心是圣加仑、赖兴瑙岛(Reichenau)、富耳达(Fulda)、洛希(Lorsch)、赫尔斯费尔德(Hersfeld)、柯魏(Corvey)和希尔绍(Hirsau)。大多数保存下来的拉丁语作家的作品当中,部分就是出自这一时期的抄件。有些学者,比如费里埃的修道院院长卢普斯(Servatus Lupus,公元805—862),满腔热情地让人收集并抄写拉丁语经典作家的抄件,使人想起意大利的人文主义者。中世纪的最后几百年,学者们受到经院哲学的影响,尝试将古代哲学学说——主要是亚里士多德的哲学——与教会理论相整合。那时,教育中心是些大型主教座堂的附属学校,如沙特尔(Chartres)大教堂。从1170年起,巴黎圣母院慢慢发展成了巴黎大学。

　　一般而言,在整个中世纪,尽管人们对于研究异教作家有时流露出保留意见,但部分古代拉丁文学在修道院和学校仍然传承了下来,并在一定程度上被接受。不过,这都是迎合一种对最具体的拉丁语惯用法的兴趣,也是为更好地理解圣经而做的前期研究。在中世纪,没有如下尝试:围绕经典作家本人的意志理解经典作家,以及以此为目的的文本学术研究。这是与文艺复兴的主要区别。因此,对古典语文学史而言,西方的中世纪"仅仅因机械地复写拉丁语作家的作品并为后世保留这些作品而具有意义"。失传的作品难以计数:在772位知名古代拉丁语作家中,只有144位的作品保存了下来,其中,64位的大部分作品失传,43位的作品保留较大部分,只有37位的作品得以完整保存。假如仅从欧洲来看,那么,希腊文学也所剩无几:古代文化的第一语言在中世纪的西欧几乎不为人所知,人们极少阅读用拉丁语翻译过来的文学(比如柏拉图的《蒂迈欧》)。

四、近代古典语文学

自 14 世纪早期的复兴到 19、20 世纪之交,古代文化研究学史可分为四个发展阶段。各阶段的区别在于,各自在内容和方法上的侧重点不同,根据数量和性质来看,西方文化圈的不同领域先后成为语文学研究的中心。某个地区和某个流派占据主导地位,并不意味着同一时候和其他地方没有其他方式的语文学研究。因此,实际上,这里采用的分期法一如既往,是简单化的方法,为的是便于一目了然,而更重要的理由在于便于对各主要流派进行描述。

1. 意大利古典主义

欧洲没有哪个地方如同意大利的城市——其中当然主要是罗马——那样,在罗马帝国壮观的遗产废墟中如此引人注目,而且对逝去的辉煌的回忆——尽管模模糊糊——历久弥新。此外,意大利的居民有理由感觉自己是古代占据统治地位民族的后裔,而且,他们也不同程度地流露出此种感情和意识:罗马帝国曾经的中心地位,为满足人们复兴古典文化的兴趣提供了最佳的前提条件。此外,还有其他因素,比如缺乏一个强有力的政治权力中心,富裕的贵族之家和有面子意识的城市共和国有了发展的宽裕空间和良好条件。

自 trecento(即 14 世纪)以来,越来越多的学者开始积极研究古典拉丁语作家,这并非出于学术认知上的渴求,而是因为他们狂热崇拜雅致的拉丁语语文和修辞。许多世纪以来,拉丁语古典作家第一次主要从美学角度被接受,并成为大家竭力效仿的典范。人们对古典文本的研究,首先应用于自身的文学创作,像亚历山大里亚的语文学家一样,所以这时期的大多数学者也从事文学创作。其次,人们使古典作家在新的教育理念中占据了中心地位,而长期在中小学和大学占据统治地位的经院哲学则被排斥在外,实际情况就是如此。

不仅此类美学、教育学思想初现端倪,"人文主义者"(这个名词后来才出现,来源于 eruditio institutioque in bonas artes[在高贵的文艺方面学识渊博]意义上的人文学科,参见格利乌斯13,17,1)同时也为语文学的繁荣打下了基础。因为,为实现目标,他们首先需要文本,需要古典作家最完整、最可信的文本,而且文本要尽可能多。因此,人们开始在真正意义上寻找手抄本,在通常早已衰败的修道院图书馆翻查,将能找到的文本收集在一起,制作复本。由此,800年来,许多文本首次大量流传开来,对某些作者而言,在即将被埋没之前,人文主义者在最后一刻挽救了他们。

意大利人文主义显现的特征已然影响到其第一位代表人物的性格,即在阿列佐(Arezzo)出生的彼特拉克(Francesco di Petracco, 1304—1374)。1333年,在列日(Lüttich),这个维吉尔和西塞罗的狂热崇拜者发现了西塞罗失踪的演说稿《为诗人阿尔奇乌斯一辩》(*Pro Archia poeta*)。1345年,在维罗纳(Verona),他找到了书简《致阿提库姆》(*Ad Atticum*)、《致兄弟昆图斯》(*Ad Quintum fratrem*)和《致布鲁图斯》(*Ad Brutum*)。彼特拉克竭力还原一份可靠的文本,校对了李维的两部抄件。尽管不讲究方法且在很大程度上有随心所欲之嫌,但凭借出色的语言知识,他已经形成了文本考订的最初形式。去世之前,彼特拉克几乎把古典拉丁语文学中所有著名作家的样本,都收集到了一座私人图书馆里。

彼特拉克的同侪,著名的薄伽丘(Giovanni Boccaccio,1313—1375)被认为是《十日谈》(*Decamerone*)的作者。根据他本人的描述,在完全破败的卡西诺修道院图书馆,他挽救了大量手抄本,并编写了有关古代神话和地理的著作——内容详尽,但并不系统。在所有抄件收集者中,最有成效的当属布拉奇奥里尼(Francesco Poggio Bracciolini,1380–1459)。他担任过罗马教皇的秘书,参加过康斯坦茨(Konstanz)的宗教会议(1414—1418),并在此期间走访了整个西欧的修道院,发现了西塞罗其余的演说稿(现存西塞罗著作中,总共有一半是彼特拉克和布拉奇奥里尼发现的)、完整的昆体良《修辞术原理》以及弗拉库斯(Valerius Flaccus)当时还不著名的拉丁文史诗《阿尔戈英雄纪》等。外观也切合如今再度感觉到的文本内在美,因为布拉奇奥里尼不再使用当时认为丑陋的"哥特式"字体,而是采用了一种可追溯到卡洛林小写字母的典范字体——它被人们误认为是古代字体。

萨卢塔蒂(Coluccio Salutati,1331—1406),佛罗伦萨城邦的大臣,同样也是成功的抄件收集者(他是第一个拥有全套十六卷西塞罗家书[*Epistulae ad familiares*]的人),为意大利人文主义的第二大成就铺平了道路:继承希腊文学。应他的邀请,希腊学者克里索洛拉(Manuel Chrysoloras,1350—1415)从君士坦丁堡来到佛罗伦萨,教授希腊文课程(1397—1400)。15世纪上半叶,大量希腊学者步他的后尘,土耳其对君士坦丁堡的占领(1453年)则加剧了这种流动。随着人员大量涌入意大利,许多抄件也随之而来。这些文本要么由移民带来,比如,仅贝萨里翁(Basilios Bessarion,1395或1403—1472)就赠予威尼斯城900卷抄件,它们成为后来圣马可图书馆藏书的基础；要么由意大利的旅行者带来，比如，1423 年，奥利斯帕（Giovanni Aurispa，1370 - 1459）将 238 卷抄件带到意大利，又如费莱佛（Francesco Filelfo，1398 - 1481），他在君士坦丁堡生活了五年，娶了一个希腊女子。古希腊文化未受西方关注达八百年之久，他们的著作此时再次被人们接受，而且大量希腊文本被准确地翻译成拉丁语，为希腊语语言课奠定了必要的基础。布鲁尼（Leonardo Bruni，约 1370—1444），拉丁语散文韵律的重新发现者，翻译了普鲁塔克（Plutarch）的《希腊罗马名人对比列传》(*Parallel Lives*)。他的同侪、维罗纳的加里诺（Guarino，1370 或 1374—1466），是文艺复兴时期意大利最杰出的教育家，也是拉丁语教学语法的编写者及拉丁语经典作家作品的出版者和注释者，他专注于路吉阿诺斯（Lukian）、伊索克拉底（Isokrates）和斯特拉波（Strabon）的研究。后期人文主义者波利齐亚诺（Angelo Poliziano，1454—1494）把这种译介活动推向顶峰，他是第一位掌握地道古希腊语的人，就像希腊移民那样，甚至，他自己也写作希腊语诗歌。还有斐齐诺（Marsilio Ficino，1433—1499），他因为将柏拉图和柏罗丁（Plotin）的全部著作翻译成拉丁语而享有盛名。这个狂热的柏拉图主义者（据说在他的书房里，柏拉图的半身塑像前总是点着一支蜡烛），也是佛罗伦萨学院——主要由美迪奇（Lorenzo de'Medici）赞助——的院长。在佛罗伦萨学院，人们对柏拉图崇拜至极，甚至用一个与他的著作同名的学术研讨会来庆祝这位哲人的生日。"学园"，即学者和诗人的联合会，在 15 世纪的那不勒斯（Neapel）和罗马同样存在。在罗马，某些人（尤其是 Pompeius Laetus，1425—1498）甚至在日常生活的方方面面都竭力模仿古代异教的生活方式。

某些人文主义者不仅注意到古希腊、罗马的文学遗产，而且成为考古学的先驱。比昂多（Flavio Biondo，1388—1463）的著作描述了古代罗马和整个古代意大利的废墟（Roma instaurata, Roma triumphans, Italia illustrata），并极其认真地实施重现帝制时代的罗马这一写作计划。皮齐科利（Ciriaco de'Pizzicolli，1391—1450），这个"文艺复兴的谢里曼（Schliemann）"，游历过东地中海地区，以寻找古代的艺术品和碑铭题词，他是首批清楚认识到它们的史料价值的人之一。

人文主义者——如同整个中世纪习惯的那样——用拉丁语写作，却努力套用经典作家的语言惯用法。在此方面，不同的习惯不可避免地导致了分歧，比如，布拉奇奥里尼明确拒绝以西塞罗为准则，将拉丁语当作活生生的语言自如地运用。他遭到德拉瓦莱（Lorenzo della Valle, Laurentius Valla，1407—1457）的激烈批评，在后者的《典雅的拉丁措辞》（*Elegantiae Latini Sermonis*）中，德拉瓦莱将昆体良和西塞罗的语言看作拉丁语散文绝对有效的规范。由于准确地掌握了古典拉丁语，瓦拉（Laurentius Valla）出色地校订了李维的文本，此外，他还发现，所谓的"君士坦丁赠予"和所谓的塞涅卡与使徒保罗（Apostel Paulus）之间的通信都是伪作，这大概是瓦拉最大的成就。然而，当时蓬勃发展的拉丁语却被西塞罗风格者和瓦拉僵化在严格的经典主义上，如今才成了真正的"死"语言。尼科利（Niccolò Niccoli，1363—1437），抄件收集者、考订者和复制者，已不再敢为追求完美的风格而用拉丁文写作了。西塞罗风格的拉丁语掌握得越准确，语言就越不能表达现实性。其时，罗马教皇秘书本博（Pietro Bembo，1470—1574）是此种意义上最杰出的文体学家，多次在信中谈到"永生的神啊"（di immortales），并称威尼斯共和国的参议员是"各位元老"。

1465年，两位德国人——斯韦恩海姆（Sweynheym）和帕那尔茨（Panartz）——在罗马附近的苏比亚克（Subiaco）建立了意大利第一个印刷所，两年后在罗马又建了一家。由于采用印刷技术，复制任意册数和完全一致的版本第一次成为可能。这样一来，不仅终止了对文本的不断改动，而且一旦作者的文本付梓，也就避免了作品仍然可能失传的危险性。这一新技术很快在意大利普及开来。1489年，曼努提乌斯（Aldus Manutius）在威尼斯建立了最重要的印刷古代著作的工场，并由他的家族代代相传。直到16世纪初，印刷的大约5000种古代文学书中，有一半以上是在威尼斯印刷。不过，有一本罗马古代时期的著作——西塞罗的《论义务》（*De officiis*）——是在美因茨印刷。

早期文本印刷所参照的底本，不是那些通过仔细比较被认为是最好辨认的抄件，而是保存下来的最容易获取的手抄本。多数情况下，文本的质量相对较差。15世纪的最后几十年，由于不满于此种状况，学者们开始发展出一种文本考订的方法。波利齐亚诺认识到抄件之间相互依赖的关系，并要求复制成套的文本。

15世纪下半叶，在意大利之外，人们也对古希腊、罗马产生了兴趣。在阿尔卑斯山以北，人文主义思想最有影响的传播者可能是皮克罗米尼（Enea Silvio Piccolomini, 1405—1464），他以教皇二世的身份签署了巴塞尔（Basel）大学的成立文献（1459年）。与当时的惯例相反，在巴塞尔大学，古代文学被规定为教学大纲的固定部分。罗伊希林（Johannes Reuchlin）在佛罗伦萨也教授希腊语，他是德国古典研究的创建者。施瓦尔切德（Philipp Schwarzerd，后改名梅兰希顿［Melanchthon］, 1497—1560）则因其教育影响而被誉为日耳曼的老师。

伊拉斯谟（Erasmus von Rotterdam, 1469—1536）超越了他同时

代的所有学者,促进了意大利复兴的教育在欧洲西部和北部的转变。这里只能简略提及其多种多样的成就:他极富洞察力,具有全面的专业知识和语言知识,既是拉丁语和希腊语文本的出版者(其中包括泰伦斯、李维、塞涅卡、亚里士多德的作品及《新约全书》——路德圣经翻译的基础),也是句法和文体教科书的编者。他编著的《语录》(*Adagia*)传播广泛,收录古代约4000条格言。在其生命的最后时光,伊拉斯谟到处游历,足迹遍及整个欧洲。在上莱茵地区,有几个伊拉斯谟的学生,其中最著名的是雷纳努斯(Beatus Rhenanus,1485—1547),他发现并辑佚了当时尚未为人所知的帕特库鲁斯(Velleius Paterculus)的作品。

和它的发端一样,意大利人文主义的结束也可以通过一个年代数字来标记。显而易见的是,到了16世纪上半叶,人文主义已然失去活力,不再有极其卓越的成就源源不断地融入重建的欧洲教育圈。罗马则情况特殊,其明确的转折点是卡尔五世(Karls V.)对城市的占领和野蛮蹂躏(洗劫罗马事件,1527年),突然结束了教皇列奥十世(Leo X.)统治下繁荣的文化生活。但是,虽然失去了特殊的地位,意大利仍然有重要的语文学家出现,比如韦托理(Piero Vettori,或 Victorius,1499—1589)和罗伯特利(Francesco Robertelli,1516—1567),后者的《论古书考订学》(*Disputatio de arte critica corrigendi antiquorum libros*)大大促进了文本考订方法论的发展。

2. 法国—荷兰时期(约1530—1700)

16世纪在意大利产生影响的学者中,最著名的大概是穆雷(Marc Antoine Muret 或 Muretus,1526—1585)。他是法国人,但在16世纪中叶,因为被控告散布异端邪说,不得不离乡背井。他理解力敏锐,是教学法评论家,也是拉丁语文本阐释者,同时还是拉丁语修辞家,这些特长使其具有独特的象征性。在这期间,法国在语文学领域扮演了领导角色:16 世纪的古典研究是法国式的。

法国语文学全盛时期的代表人物是布德(Guillaume Bude, Budaeus,1467—1540)。他编写了关于罗马测量业和铸币业、希腊人和罗马人司法术语的基础性著作。在《论语文学》(*De Philologia*)一书中,布德为经典研究获取更高的声望而呼吁,尤其为当时常被攻击为"异教徒语言"的希腊语呼吁。他最大的成就大概是鼓动法国国王弗朗索瓦一世(François I.)建立皇家学院(1530 年),它被设想为一座新博物馆,主要维护在索邦(Sorbonne)神学院传统中被忽视的希腊语和希伯来语著作。法国 16 世纪最重要的三大语文学家都在这所学院工作过,他们是多拉(Jean Dorat, Auratus, 1508—1588)、图尔涅布斯(Adrien Turnebe 或 Turnebus, 1512—1565)和兰比努斯(Denys Lambin 或 Lambinus,1520—1572)。前两人主要致力于希腊诗歌的研究,兰比努斯则编撰了当时堪称典范的拉丁语诗人的作品,如卢克莱修和贺拉斯等。

埃斯蒂安纳家族(Estienne, Stephani)将印刷技术和博学的知识融合在一起,他们中的杰出代表是罗伯特(Robert,1503—1559)及其儿子亨利(Henri,1531—1598)。他们父子二人刊印了众多拉丁语和希腊语作家的作品,其中不少是首印。尤其值得一提的是罗伯特的《拉丁语辞典》(*Thesaurus Linguae Latinae*,1543 年二版)及其出版的《新约全书》,它们一直沿用到 18 世纪。亨利主要刊印希腊文本,其中首次刊印了《阿那克里翁诗派》(*Anakreonteen*)——第一部希腊语抒情诗人的残篇文集,还有一套柏拉图著作——人们至今仍在引用该著作的页数,以及一套五卷本的《希腊语辞典》(*Thesaurus*

Linguae Graecae)。他著有《论古希腊语和古拉丁语考订家》(*De criticis veteribus Graecis et Latinis*,1587 年),从而成为语文学上近代第一个编年史作者。尽管今天看来早期印刷文本的设计有待改进,但是 16 世纪的最后十年,对古代文学的再度发现和保护达到一个显著的水平:几乎所有历经中世纪而保存下来的文献都有了印刷版,不再出现对文本的大幅度改动,实际的难题也在评注中得到了解释。

在此,至少有两个人的名字必须提及:第一个是卡素朋(Isaac Casaubon,1559—1614),他是一个典型的工作狂和苦行僧式的学者,编撰过许多文本和评注,并撰写了第一本文学史方面的专论(《论希腊诗歌中的萨提尔和罗马的萨提尔》[*De satyra Graecorum poesi et Romanorum satura*],1605 年);另一位是尤斯图斯·斯卡利格尔(Joseph Justus Scaliger,1540—1609),他被认为是所有时代最伟大的语文学家之一,其父凯撒·斯卡利格尔(Joseph Caesar Scaliger,1484—1558)从意大利移居法国,著有《诗学》(*Poetice*)——一本文学创作理论和文学评论方面的著作,他本人则"综述法国和意大利前辈们的学术和修辞术成就,并远远超越了他们"(普法伊费尔[Pfeiffer],《纪事》[*Geschichte*],页 143)。这里应提及的是,尤斯图斯按时间顺序汇编了所有旧大陆(包括旧东方)的传本,由此奠定了现代历史学的基础;他参与创建了学术性的碑铭学,并在其中起了决定性的作用;他掌握了当时还无人企及的古拉丁语;最后,他富有创造性地、有时甚至是大胆地修改了无数文本。尤斯图斯力求全面掌握有关古代的知识,对他而言,教育理念应让位于承载思想的认知追求。自 1593 年起,他成了莱顿(Leyden)大学的成员,在那里他可以不承担任何教学任务,只专注于自己的研究。从法国移居莱顿,以及研究内容上的转向,都意味着尤斯图斯开创了17世纪具有荷兰特色的语文学。

西班牙人被驱逐后,莱顿大学得以建立(1575年),17世纪荷兰特色的语文学由此兴起。当时,在鲁汶(Louvain)占主要地位的天主教教育机构(创建于1426年,至1517年建成三种语言学院)面临新教的竞争,并很快被新教超越。李普西乌斯(Justus Lipsius, 1547—1606)在上述两所大学都工作过,他一生多次改变宗教信仰。显然,李普西乌斯专注于拉丁语(他在一封信中曾表述过这样的观点:希腊文学对博学者而言只是装饰,并非必要[Graecas litteras homini erudito decoras esse, necessarias non item]),偏爱经典之后的作家(他编纂的塔西佗版本具有划时代意义),这些都影响了17世纪的荷兰语文学。荷兰语文学的另一个特征是爱好"自我满足式的知识堆砌"(普法伊费尔,《纪事》,页179:"人们编著大部头,收集古物,在出版的文本中复述上两个世纪累积的评语。"),其代表人物是沃西乌斯(Gerhard Johannes Voss, 1577—1649),他大概是这个时代最重要的博学之士。此外,还应提到格罗提乌斯(Hugo Groot, Grotius, 1583—1645),他在青年时代就出版过卡佩拉(Martianus Capella)的著作。在语文学之外,他还起草了一部具有普遍效用的国际法(《战争法权与和平法权》[De iure belli ac pacis]),因而声名鹊起。直到19世纪,格罗诺维乌斯(Johannes Gronov, 1611—1671)出版的拉丁语作家著作都是权威作品,海恩西乌斯(Nicolaus Heinsius, 1620—1681)的也是。总之,在这个时期,海恩西乌斯、格罗诺维乌斯和沃西乌斯这些名字一再出现,因为语文学——如同斯卡利格尔家族那样——被当作职业在家族中继承。

其他欧洲国家更多地是在数量而不是质量上领先,几乎不可能与荷兰的语文学相提并论。这一时期,意大利主要从事考古学研究,德国——经历了16世纪人文主义某种程度的繁荣后——则不再存在欧洲意义上的语文学,对古代文化的研究局限在图书馆和大学中,但由于30年的战争,国土变得贫困荒芜,图书馆和大学也所剩无几。即使在"太阳王"的帝国,古典研究也勉强维持一种退隐的状态:"法国官方吹嘘自己强大,对旧时期的文化评价不高"(普法伊费尔,《纪事》,页168以下),认为自己的文学优于其他所有文学(不过未能达成一致,对这个问题的讨论长期围绕所谓的古今之争进行)。从事语文学的主要是修会神甫,他们在专业领域取得了显著的成就。康哲(Charles du Cange,1610—1688)编修了第一部古代后期希腊语和拉丁语辞典,其中有些部分迄今仍不可或缺。马比隆(Jean Mabillon,1632—1707)以其著作《古文书学》(*De re diplomatica*)创建了古文字学和古文书学。西蒙(Richard Simon,1638—1712)参与出版了《新约全书》,他第一次清楚地认识到,研究文本史是每一种文本考订方法的前提条件。勒克莱尔(Jean Le Clerc,1657—1736)在其《考据技法》(*Ars critica*)中,系统研究了编辑技术的原理。伯纳德(Bernard de Montfaucon,1655—1741)和其他人一起,创建了古文字学的专业规则(首先在希腊语领域内)。

泛滥的博学、专业化,经常欠缺批判力度,对方法论的罕有反思以及逐渐丧失社会重要性,这些都影响了17世纪的语文学:

> 一套引文,就是旧书商的书,一套修订,就是语文学家的书。出版的都是辞藻华丽的演说和拉丁语诗,这是毫无成果的语文学繁荣。此外,还有学者的信件和大量尖刻的论战。这些都是模仿而非创造,毫无活力。(维拉莫维茨[Wilamowitz],

《古典学的历史》,页34)。

此时,英国出现的新征兆则令人鼓舞。

3. 本特利及其后继者

在英国,自人文主义以来,人们就一直从事古典研究,但除了新拉丁语诗歌领域(布坎南[Buchanan]、弥尔顿[Milton]等)外,其他领域并没有突出的成就。17、18世纪之交,英国的语文学由于一个人的影响而占据了欧洲的领导地位,这个人就是本特利(Richard Bentley,1662—1742)。许多人认为他是近代最伟大的文本考订者,以两本著作博得大名。他于1691年出版的《致米利乌斯书简》(*Epistula ad Millium*),虽然篇幅不到一百页,却对60多位拉丁语和希腊语作家做了独到和卓越的注释和修正。比如,他校正了拜占庭编年史作者马拉拉斯(Johannes Malalas)列举的三个最早的肃剧诗人(忒斯庇斯[Thespis]、基俄斯的伊翁[Ion von Chios]和埃斯库罗斯,而不是忒弥斯[Themes]、米诺斯[Minos]和奥勒阿斯[Auleas])。1699年,《论法拉里斯书简》(*Dissertation upon the Epistles of Phalaris*)增订版的出版,证实本特利拥有广博的知识,也表明他在当时的语文学领域中具有尚未为人知的批判洞察力。在激烈的古今之争中,以Tyrannen Phalaris(公元前6世纪)之名流传的信件,恰好可以被当作古典文学最好的范例加以引用,直到本特利用无可辩驳的语言和大量实质性的论据证实这些信件是伪作。他的博士论文迄今仍值得一读,它在广博和方法论的反思方面确立了新的准则。本特利的后半生致力于多个项目,但并不是所有项目都得以完成(比如荷马史诗和《新约全书》的新版本)。在此,仅提及他出版的拉丁语诗人的作品,这些诗人如普劳图斯、泰伦斯、贺拉斯和卢坎。本特利透彻的文本考订以如下信念为依据:"经典诗纯朴而和谐、理性且节制,这些特质在抄写过程中被损坏了,必须通过理性的文本考订来重建。"(普法伊费尔,《纪事》,页184)在他的贺拉斯版本中,他常常引用 nobis et raito et res ipsa centum codicibus potiores sunt[对我们而言,理性和事实本身比一百本抄件更有力]这个句子表达他的这一信念。假如他没有继续引用:…praesertim accedente Vaticani veteris suffragio[尤其是,如果得到梵蒂冈抄件支持的话],那么,他会由此赞同一种藐视流传文本的态度,并按一定方法质疑这些文本。与他的某些后继者不同,本特利完全清楚,精确的抄件考订应先于知识渊博、最具洞察力的文本修订。

本特利之后,文本考订成了18世纪英国语文学的主要研究内容,大多针对阿提卡戏剧家的文本。在众多出版物中,帕森(Richard Porson,1759—1808)的版本最为准确。不过,经过改进的文本制作方法也在拉丁语文学方面取得了丰硕成果,比如斯塔提乌斯(Statius Caecilius,谐剧诗人)的《森林》(Silvae),由受本特利影响的马克兰德(Jeremiah Markland,1693—1776)出版。

在欧洲大陆,具有创新性的英国语文学对荷兰的影响尤为显著。布尔曼(Pieter Burman,1668—1741)与和他同名的外甥出版了新的拉丁语作家文本,不过文本的质量并不能总是比得上其庞大的数量。18世纪,荷兰有"三大古希腊语文学者"——赫姆斯特休斯(Tiberius Hemsterhuys,1685—1766)及其学生瓦尔肯纳尔(Valckenaer,1715—1785),以及鲁恩肯(Ruhnken,1723—1798)。他们主要从事关于希腊语作家的语文学研究,但也不仅限于此。维腾巴赫(Daniel Wyttenbach,1746—1820)原籍德国,和鲁恩肯一样,是第一批不再受本特利影响的重要的语文学家。他不再从事文本考订工作，而是撰写文艺美学方向的评注。尽管如此，文本考订在当时仍占主导地位。这里应提及时间上稍早一些的荷兰人皮尔坎普（Peter Hofman‑Peerlkamp, 1786—1865）的出版物，它们达到了几乎让人担忧的高峰。他确信，诗之完美的主观标准归根结底可以客观化，并使之成为文本考订的准则。比如，在其出版的贺拉斯《颂歌》中，忽略了许多详细的修订，最后仅承认，流传下来的诗歌只有四分之一是真实的。本特利文本考订方法有其局限性，过度使用则过犹不及，皮尔坎普就是典型（类似于 Carolus Gabriel Cobet, 1813—1889）。除语文学自身弱点外，在启蒙运动时期，古代文化遗产越来越不被视为自己的东西。从事古代文化研究被认为是"维护陌生的事业"（Latacz,《古希腊语文学》[*Gräzistik*]，页 48），并越来越需要作自我辩解，因而陷入社会边缘的地位，这为所谓的"第二次人文主义"提供了契机。

4. 语文学的德国时期

在德国，自罗伊希林和梅兰希顿以来，对古代文化的研究从未中断过。但是，德国在该领域跃居领先地位却始于 18 世纪。其中，发挥影响的学者有法布里基乌斯（Johann Albert Fabricius, 1668—1736），他自己的"希腊书馆"收集了大量有关希腊文学史的资料；此外便是海纳（Christian Gottob Heyne, 1729—1812），"人们仍然远远没有认识到，他扮演着 19 世纪前德国最重要的古代文化研究者的伟大角色"（格拉夫顿／莫斯特[Grafton/Most]，《语文学》[*Philologie*]，页 44）。

在德国，对古典研究产生重要影响的人物是温克尔曼（Johann

Joachim Winckelmann，1717—1768）和沃尔夫（Friedrich August Wolf）。温克尔曼以其关于古代艺术史的著作（1764；1766 年再版）而成为古代艺术史和考古学的创建者。他第一个认识到艺术发展和普遍的文化与政治发展之间的紧密关系。更重要的是，温克尔曼是研究古代文化的一种新视角的创造者，这种新视角在 18 世纪得以实施，人们称之为"第二次人文主义"或"新希腊主义"：希腊文化的一切成就都被认为是绝对的典范，不可超越，罗马文明却未能与之势均力敌。因此，人们认为荷马史诗在维吉尔的"纯朴的诗"和"民间诗歌"之上，并将这种考订转移到艺术和其他领域。这种思想影响了该时期德国的伟大学者们的著作，比如赫尔德（Gottfried Herder，1744—1803）和莱辛（Gotthold Ephraim Lessing，1729—1781），并发动了新一轮的对古代文学具有美学特征的承认，尤其是荷马和索福克勒斯的作品，不过也包括拉丁语作家如普劳图斯、泰伦斯、贺拉斯和马尔提雅利斯（Martial）等人的作品。

人们新产生的对古希腊文化的热情，远远超出了语文学已有的圈子。伟大的歌德是这一思想理论的完成者，洪堡（Wilhelm von Humbold，1767—1835）则使语文学成为普鲁士全新教育理念的基础（人文中学、柏林大学的建立，1810 年）。教育的目标在于培养完整、和谐的人格，而实现这一目标的重要手段是深入研究古希腊文化的遗产。

沃尔夫（1759—1824）是海纳的学生，如今，这个名字大多与他在著名的《荷马绪论》（*Prolegomena ad Homerum*，1795 年）中提出的所谓"荷马问题"相联系。但是，他既非认识到《伊利亚特》和《奥德赛》之间诗学统一问题的第一人，也没有因此而在当时引起广泛注意。沃尔夫有关语文学的新理念（他在哥廷根不顾校方领导反对,以语文学学生的身份注册,由此可以看出,语文学这一名称对他多么重要)——全面的古代文化研究——对未来具有更重要的意义(《古代文化研究阐述》[*Darstellung der Alterthumswissenschaft*],1806/1807)。全面的古代文化研究的对象和目标在于,尽可能完整地认识所有表述中永恒的理想——希腊文化——并通过传播这种理想实现对人的全面塑造。如此定义的语文学试图成为教育的领先力量。在哈伦斯(Hallens),在培养教师的语文学研讨班上,沃尔夫具体实施了自己的新理念,并理所当然地以其师海纳为榜样。

自19世纪初以来,全面的古代文化研究的深入发展具有如下原因:进一步深化和完善了单一的学科,例如,比较语言学(1816年由博普[Franz Bopp]首创)和古典考古学逐渐发展为独立的学科;语文学各学科的方法得到完善,比如,在文本考订和古文字学方面。下文只选取重要的人物和事例加以论述。

施勒格尔(August Wilhelm von Schlegel)主要因为翻译古希腊诗歌和举办有关戏剧艺术的讲座而闻名。其弟弗里德利希(Friedrich,1772—1829)研究梵语,从而大大推动了研究印度日耳曼语系的语言和文化学科的发展。

施莱尔马赫(Friedrich Schleiermacher,1768—1834)几乎翻译了所有柏拉图对话,人们至今仍在阅读。不过,他有关阐释学的基础著作(文本理解的可能性和方法)也许更有意义。

伯克(August Boeckh,1785—1867)是沃尔夫和施莱尔马赫的学生,他不再简单地认为语文学是教育人的手段,而是将其看作一种有其自身目标的学术—艺术活动。他对古代文化的印象来自历史主义的沉淀物。语文学并不代表——如对沃尔夫而言——一个静止的理想,而是被看作一个历史的进程,人们可以尽可能详细地辨认和理解。证明这种认识和理解的是伯克的碑铭学研究和他的著作《论雅典人的城邦预算》(Über die Staatshaushaltung der Athener)。伯克认为,语文学是对人的思想成果——即认识的对象——的认识。在他看来,理解文本的关键在于研究其结构方式,即文本如何完成的。

在其主要著作《语文学的百科全书和方法论》(Enzyklopädie und Methologie der philologischen Wissenschaften)中,伯克等人的这种好古的以认识事物为目的的观察方式得到了具体体现,这与以文本考据为中心的语文学流派相反。19世纪上半叶,这一流派的伟大代表人物是赫尔曼(Gottfried Hermann, 1772—1848),他主要通过出版希腊诗歌(比如埃斯库罗斯)而享有声望,并且详尽描述了文本考订的原则(《论希腊语的修订方法》[De emendanda ratione linguae Graecea])。"他相信希腊经典作家的完美性,相信自己能准确地解释这种美,相信自己因此能阐释经典作家的文本并复制这些文本。"(普法伊尔,《纪事》,页220)

贝克尔(August Immanuel Bekker, 1785—1871)也致力于文本考订,系统地研究了希腊作家传本史。在有关卢克莱修和《新约全书》的著述中,拉赫曼(Karl Lachmann, 1783—1851)发明了确定手抄本家谱学的方法(家谱理论),这直至20世纪都具有决定性的作用,而且他第一个明确区分了评注与修正。值得一提的还有尼布尔(Barthold Georg Niebuhr, 1776—1831),其《罗马史》(Römische Geschichte)运用了原始资料鉴定法,从而开创了以批评性的语文学方法研究历史的先河。他发现了重要的羊皮纸抄件(比如盖乌斯[Gaius]的《法学阶梯》[Institutiones]),并创办了《莱因语文学博物馆》(Rheinisches Museum)期刊。此外,缪勒(Karl Otfried Müller,

1797—1840)将希腊神话解释成希腊部落早期历史的反映,编写了第一部至亚历山大时期的希腊文学史。最后是韦尔克(Friedrich Gottlieb Welcker,1784—1868),在其最重要的著作中,他全面描述了希腊宗教。

在德国,历史主义—实证主义的古代文化研究达到了顶峰,这方面以蒙森(Theodor Mommsen,1817—1903)和维拉莫维茨(Ulrich von Wilamowitz‑Moellendorff,1848—1931)这两人为代表。全面收集和分析利用所有可获取的原始资料,是掌握伯克意义上的、被理解为历史进程的古典文化的方式。不过,真正的目的不仅要获取准确的认识,还在于生动地描述和再现过去的现实。此种学术方法基于确信"历史事实的可全面认识性和掌握性,只要有充足的原始资料"(亨切克/穆拉克[Hentschke/Muhlack],《导论》[*Einführung*],页103)。这里甚至难以粗略概括维拉莫维茨的学术全集,大概还没有哪个希腊语文学的题目,也几乎没有哪个罗马语文学的题目,是他没有涉猎并对之做出或多或少贡献的,这里仅提及他的《希腊诗律学》(*Griechische Verslehre*,1921),此书对希腊韵律学提出了新的理解。

在德国的古代文化研究领域,19世纪下半叶和20世纪早期是历史实证主义的鼎盛时期。单个课题的研究和综观全局的尝试紧密相连,这一方面表现在德语语言专题著作出现的新的学术表现形式,另一方面是组织大型的学术项目。比如《拉丁铭文集成》(*Corpus Inscriptionum Latinarum*,CIL,自1863年起)、《希腊铭文集》(*Inscriptiones Graecae*,IG,自1868年起)、《拉丁语辞典》(*Thesaurus Linguae Latinae*,ThLL,自1897年起)、《古代文化研究实用百科全书》(*Realencyclopäie der classischen Altertumswissenschaft*,RE,自1893年起)、《古代文化研究手册》(*Handbuch der Altertumswissenschaft*,*HdA*,自 1886 年起)和《图平根文库》(*Bibliotheca Teubneriana*,*BT*,自 1850 年起)。实证主义学术虽然获得了广泛认可,并在认识上取得了进步,但是,在自我反思和意义确定上的缺陷日益显著。与人文主义的初衷不同,语文学不再是教育的工具。总之,语文学不再被看作实现目标的手段,而是被当作差不多应顶礼膜拜的机构,这个机构不为人服务,而是人应当为之服务。所以,维拉莫维茨了解这一情况后,拒绝在他的学院教育中培养教师。因为维拉莫维茨回避对认识的可能性、方法论和局限性进行反思,并在研究中任意使用颇成问题的历史类比法,所以,在今天看来,他——但也绝不是只有他——代表的学术概念应当遭到批判。在实证主义占主导地位的巅峰期,就已出现对其学术概念的批判。尼采(1844—1900)揭露说,学术认识的"客观性"这一假定是一种自我欺骗,因为学术家即使极其小心,其研究和思考也总有可能受到生活经验和所处时代的影响。尼采提出,应回到人文主义色彩的——强调教育作用的古代文化研究——理解方法上去,应创造性地分析研究古代文化。

然而,实际的语文学研究工作丝毫未受这些批评的影响,不仅仍在继续,而且意识到语文学研究的绝对重要性。本世纪(20 世纪)最近几十年来,在整个 19 世纪占主导地位的希腊语文学,因为不断增加的古埃及莎纸草发掘物,因为那些原以为已遗失而后突然重新找到的材料(希腊抒情诗、亚里士多德的《雅典政制》[*Staat der Athener*]、巴克修利德[Bakchylide]的诗歌、米南德的谐剧),获得了一个新的、广泛的工作领域。20 世纪初,拉丁语分支在古代文化研究领域再度占据与此前同等的地位,这一过程与诺顿(Eduard Norden)、海因策(Richard Heinze)(他们最重要的著作是诺顿的《埃涅阿斯纪》卷六评注和海因策的《维吉尔的史诗技术》[Virgils epische Technik],1903年同时出版)和列奥(Friedrich Leo)等这些名字联系在一起。

5. 20 世纪的古典语文学

德国古代文化研究的黄金时期最晚结束于第一次世界大战。它在这一领域的领导地位之所以被取代,是因为古代研究从数量和质量上都均匀分布到了欧洲其他各国和美国。1876年,吉尔德斯利夫(Basil Lanneau Gildersleeve,1853年在哥廷根获得博士学位)在美国创建了极具德国传统特色的古典语文学。因为该领域各学科间的差别不断增大和日益专业化(也因为时间间隔太短),这里甚至无法叙述性地简要描述20世纪古典研究的发展,仅能刻画其特征。

在德国,一个历史主义—实证主义的学术概念整体在消失,取而代之的是具有人文主义特色、对作品"内在形式及其教育潜能"的重新考虑(Latacz,《古希腊语文学》,页56)。这个时期,古希腊语文学的领军人物之一耶格尔甚至明确说到"第三次人文主义"(在意大利和德国古典主义之后)。纳粹专政期间,古典语文学对纳粹的态度与其他学科没有显著差别:一些学科的领军人物流亡国外,许多人开始内心流亡,一些人则成了张扬统治者意识形态的旗手。

战后,相对稳定的局势使这一专业的研究活动几十年未受干扰,社会肯定其意义和重要性,而且在这段时期,这一专业的研究成果数量之多前所未有。在许多欧洲和欧洲以外的国家,大多数大学以及与大学类似的机构都设有这一专业,而且中小学也无可争议地开设了拉丁语和希腊语语言课。自70年代以来,中小学的情况开始发生变化。如今,高校的拉丁语文学和古希腊语文学的地位尽管受到一些影响,但并未遭受真正的威胁(前几年,前民主德国地区的好些大学再度开设这一专业,证实了这一判断),而在中小学教育阶段,古典语文学专业迄今稳固的基础已被打破。古希腊语文学专业的情况越来越糟糕,拉丁语文学专业虽然作为学校课程能更好地站稳脚跟,但同样也因为课时的减少和教学水平的下降而受到影响。现在,古典语文学面临双重的任务,一方面,通过课程设置以及为毕业生规划新的就业前景而考虑其未来发展,另一方面则反向行之,通过学术研究坚持古典语文学自身的重要社会意义,无论如何要比以往任何时候都更加大胆地利用某种持续而隐秘的需求——这种需求至今尚需人们加以认识:即以永不过时的过去来论证古典语文学的必要性(Latacz,《古希腊语文学》,页78)。

西方古代修辞术简史

厄森胡特(Werner Eisenhut)著

引论:修辞术课程

倘若征兆无误,那么,修辞术又时兴起来了。这可能与如下原因相关:能言善辩是阿提卡民主的产物,民主形式为修辞术的发展提供了良好的基础。伪民主和专制(大多披着民主的外衣)产生了一种独有的非古代的修辞术,一种并非建立在教导之上甚至也并非建立在说服之上的修辞术,而是一种情绪化、使情绪易变的修辞术——如果一定要称其为修辞术的话,对话与反驳从一开始就被排除在外。公共修辞术和民主之间的某种关联,也许正是法国的修辞术从未显得比我们的过时的原因,遑论法国比我们更有效地保存了拉丁文传统了。

野蛮化使人不再怀有发表策略性言论的愿望,君主与僭政的专制极权不能唤醒此愿望,甚至仅会减弱利用这种形式的能力。

每个广告专家都清楚,包装是销售产品的一个重要手段,也许还是战胜竞争对手的重要手段。可是,这对盲人来说又有何用?口号、标语和千篇一律的说辞,广告牌和插播广告取代有理有据的辩论,现代野蛮对此一概容忍。经久而又单一的锤打、单调的攻击性,恰好契合其针对的目标——心理的无聊。

不过,究竟何为修辞术?难道总是更优秀、更聪明的人以更充足的理由获胜?只有那些对人的智慧和思想深度抱有幻想的人才如此天真地询问。但是,难道就没有修辞天才?肯定有。不过,也有不具有修辞才干的人。前者也并非总是更聪明或者拥有充足的论据,后者也并非总是更笨或者理屈词穷。最终,显而易见,并非词汇丰富的论证更无懈可击、更正确。动机和目的不应该是修辞术关注的对象,夸夸其谈的言论与真正的或者被伪装起来的内在动机之间的关系,并非修辞术的研究对象,而是心理学的课题。

对修辞术的此类考察中呈现出的明显令人不快之处早就促使人寻求补救,与此相反,这类考察也使得某些人便于利用人的情绪。这样一来,人们必定会产生学习演说和说服的愿望。鉴于希腊人对人的心灵持乐观的态度,所以也不缺乏这样的人,他们承诺教导人们这方面的实践知识。

我们说到"修辞术",似乎它是世界上最理所当然的事情,而至于究竟什么是"修辞术",似乎也是不言自明。然而,进一步的研究有可能再度引起争论,尽管这一争论不会有任何结果。早在古代,这个争论就激怒了许多人:修辞术是一门技术、艺术抑或一门学问?这些不同的观点不过是研究修辞术时的不同可能性。即便我们最不可能将修辞术当作艺术,也不应当忘记,在古代,人们在有策略的演说中能获得美的享受。(因此处涉及的是古代与文化,所以,有关艺术的现代分歧我们暂且搁置一旁。)当修辞术研究涉及修辞术是什么、怎样运用时,修辞术才能被列入学术范畴。在大众的意识里,被前辈科拉克斯(Korax)和提西阿斯(Tisias)称为 πειθοῦς δημιουργός[1][说服的艺匠]的修辞术是一门技艺(τέχνη)。但是,人们不可忘记,古代尚未将艺术家从手工技术中解放出来,这种解放不过是浪漫主义时期才有的偏见。那时的 τέχνη,拉丁语是 ars,指(艺术的)技术和技能,转义为一门特定艺术的学说。但是,ἐπιστήμη[知识、学问]至少在狭义上指的是纯思想,是学术,而 ἐμπειρία[实践经验]则是非文化修养的,是未从理论上深思熟虑的技术。

对亚里士多德而言,修辞术是辩证术的 ἀντίστροφος[对应物](《修辞术》卷一,1)。[2]在某种意义上,二者都是共有的精神财富,不属于任何一门学术(ἐπιστήμη)。如此,从某些方面来看,所有人都是修辞家和辩论家,因为,至少在某种程度上,所有人都尝试研究别人的观点,并使自己的意见起作用,人们也企图为自己辩解,指控别人。但是这必须予以指导,因为从理论上(θεωρεῖν)能说明,为什么演说是成功的,这些演说要么是 εἰκῇ[偶然的]以及 ἀπὸ τοῦ αὐτομάτου[我们可能称之为"直言不讳"的],要么是 διὰ συνήθειαν ἀπὸ ἕξεως[通过掌握一门凭靠练习而获得的技能]而进行的。这也许恰好是一门 τέχνη[技艺]的任务。而 Ῥητορικὴ τέχνη[修辞技艺](拉丁语 Ars rhetorica)也是亚里士多德教科书的标题。在接下来的一章,亚里士多德从能力的意义上理解 τέχνη,他写道:ἔστω δὴ ἡ ῥητορικὴ δύναμις περὶ ἕκαστον τοῦ θεωρῆσαι τὸ ἐνδεχόμενον πιθανόν

---

[1] L. Radermacher, *Artium scriptores*, S. 30;参见:L. Spengel, *Rhein. Mus.* 18, 1863,页 482.

[2] 按照《古希腊修辞术》(*Rhet. Gr.*) V 15 (Sopatros zu Hermogenes),廊下派也将修辞术称作辩证术的 ἀντίστροφος[对应物]。

[修辞术可定义为在每一种情况下观察可信的说服方式的能力]；这或许不应是其他某一门τέχνη[技艺]的任务(与此相比较,他以医学、几何学和算术为例加以说明)。

亚里士多德的这句话自然不足以作为修辞术的定义。从理念论出发,修辞术属于哲学。此外,这也与柏拉图的观点相契合(参见《高尔吉亚》)。众所周知,同时也是演说家的哲人,与仅作为演说家——直至西塞罗之后还有影响——的人之间有矛盾,这种矛盾暴露了亚里士多德有关修辞术定义的不足之处：修辞术仅被当作技巧,即纯技能的东西,这种看法是站不住脚的。

不过,与昆体良相反,编写修辞术教程并非亚里士多德的本意。紧随老修辞术教师的是昆体良,而不是亚里士多德(他与西塞罗风格完全一致)。西塞罗则尝试将修辞术和哲学真正统一起来(不仅是对修辞术做哲学解释),这一做法致使人们后来混淆了哲学和修辞术。在学校课堂里,学生学习关于每一对象的演说能力和写作能力——这是对其他专业具有决定性意义的课程,至今都没什么改变。亚里士多德并非这一阐释的首创者,但是这一观念得以被接受,相当大程度上要归功于他的威望。如上文所述,他将修辞术解释为观察(并就此谈论)每一种情况下可信的说服方式的能力。假如他自己仅想到法庭演说,却没有预见到法庭演说显而易见的普遍化,那么,毋庸置疑,是他使修辞术在社会上能被哲学和各种高等教育所接受。

如我们所知,柏拉图持不同观点。接替柏拉图担任学园掌门人的克塞诺克拉底(Xenokrates)将修辞术(客观冷静,未赋予其更高的意义)解释为ἐπιστήμη τοῦ εὖ λέγειν[善说的学问](按恩培里柯[Sextus Empiricus]的见证, adv. Rhet. 6, p. 675 Bekker),这里的ἐπιστήμη

[学问]（常常如此）意味着"知道怎样做此事"。① εὖ λέγειν[善说]涉及面广，又模糊不清。

后人理所当然不会满足于这种解释。由于亚里士多德的权威性，显然，人们在此问题上显得有些一筹莫展。因此，所有针对亚里士多德表述的批评，δύναμις[能力]和πιϑανόν[有说服力的、可信的]两个词一再出现，比如赫尔玛戈拉斯（Hermagoras）的《古希腊修辞术》（*Rhet. Gr.* V15[＝7,21 Matthes]）：δύναμις τοῦ εὖ λέγειν τὰ πολιτικὰ ζητήματα[善说政治探索的能力]。这里既出现了 δύναμις，也出现了 εὖ λέγειν。εὖ λέγειν 包括令人信服的演说，他的学生和后来的修辞术教师对此毫不怀疑。又如《古希腊修辞术》（*Rhet. Gr.* V213；VI 32）：δύναμις περὶ λόγου τέλος ἔχουσα[一种关于言说的能力，目的是以这种能力尽可能说服人]；《奥古斯丁修辞术》（*Augustin rhet.*）3（＝rhet. lat. min. 138）：Hermagoras dicit esse oratoris officium：persuadere, quatenus rerum et personarum condicio patiatur, dumtaxat in civilibus quaestionibus[赫尔玛戈拉斯说，演说家的任务就是：说服，在一定程度上处理事和人的情形，仅限于城邦问题]。现在增加的解释还有 τὰ πολιτικὰ ζητήματα[政治的探索]，其中涉及的所有问题，一个普通邦民的理解力足以对此作出判断（对此也不要求专业知识，参见《奥古斯丁修辞术》4）。修辞术教师是否察觉到，人们最喜欢讨论不懂的事情？换一种说法：每个人都认为自己的理解力（众所周知，这是一个人认为充分拥有的唯一财富）超常，别人的判断力则有限。

---

① 参克塞诺克拉底残篇 13，Heinze 编。恩培里柯强调，克塞诺克拉底把 ἐπιστήμη 用作 ἀρχαικῷ νόμῳ，即 τέχνη 的同义词，廊下派也如此认为，但是 ἀντὶ τοῦ βεβαίας ἔχειν καταλήψεις[以牢固地把握相对]。

修辞术教师承诺将演说能力传授给他人,这种课程不得不考虑必须演说或计划演说的每一种可能性,亦即在手头没有演说材料时如何应对每一种场合的方法。老卡图著名的"紧扣主题,文辞潮涌"(rem tene, verba sequentur),指的就是为了做一次令人信服的演说,只需将理所当然的好事情记住,这无异于一句理念论的警句,让人产生幻想,但根据卡图的演说,他自己从未将此说法当回事。

大多数情况下,我们脑子里事后才会出现最好的想法和最准确的答复,而没有准备好锦囊妙计时往往令人恼火(这就是为什么在书本、电影和电视里,主人翁总会有非同一般的诙谐,对答如流)。避免出现这一令人恼火的情况,是修辞术课程的任务。在这一课程中,教师训练学生在手边备有一系列论据,包括"泛泛而谈"(loci communes)、"客套话"或者更好的表达。掌握了预先准备的论据,就犹如一名演员掌握了经实践证实可信的人物性格特征。

人们相信,借助演说能使人信服,这是古代乐观主义的标志。我们可以欣赏这种乐观主义,却不必对其抱有幻想。无论如何,不能在我们的时代和我们的政治形势下沉湎于这种乐观主义。至少,人们应当根据各自具体的情况,检验哪些情况能使人信服。如今我们每天不都在经历,最好的论据和最具说服力的演说只是向公众作宣传和在电视屏幕里作秀?投票结果早在讨论前就确定了。与我们如今的民主相反,对于古希腊、罗马民主而言,现代的代议制民主(议会制属于此列)根本无法想象。

设想古代的修辞术课程并非易事。除赫尔摩格涅斯(Hermogenes)的修辞术著作和一个简短的课程教案——即所谓的《赫仁尼乌斯修辞术》(*Rhetorik an Herennius*)——外,再也没有其他文献资料。而这几乎说明不了什么。也许,我们有昆体良的教材《善说术原理》(*Institutio oratoria*)。不过即使是这样一本描述了课程、教师和学生，甚至描述了正字法和语法（尤其卷一和卷二）的教材，也仍然停留在原理和系统上，停留在提出理论上的要求并设定一个追求的目标，但是，它毕竟不能使我们了解生动的课堂教学。其他文本，比如亚里士多德的《修辞术》或西塞罗的《论演说家》(*De oratore*) 和《演说家》(*Orator*)，则愈加不能。这些著作不仅没有提出修辞术的目标，甚至根本没有直接的实际教学目标。即使西塞罗年轻时的作品《论立意》(*De inventione*)，也不是被当作真正的教材来撰写，此外，这本书也只涉及其中一部分。

当然，如"喜好鞭笞的奥尔比利乌斯"(plagosus Orbilius，贺拉斯《书简》[*Epist.*] 卷二 1, 70，铭体诗人马尔苏斯[Domitus Marsus] 永远不会忘记他的 ferula scuticaque[棍子和皮鞭])，在高阶课程和修辞术课堂上并不常见，仅见于文法课上，这种课除了语法内容外，还包括作家作品和修辞术所需的基础知识。毕竟，昆体良强调（《善说术原理》卷二, 2, 4），修辞术课程除教师的"友好"(comitas) 外，也需要某种"严格的纪律"(disciplinae severitas) 和"苛刻"(austeritas) 的品行。

在一些知名教师那里，修习大量的修辞术正规课程是高等教育的主要部分。参与这些课程的学习，是担当所有公共职务（正如我们在 19 世纪学习法学一样，这是我们继承来的习惯，迄今也没有摆脱）的前提条件。在希望拥有高级别军衔时也需要这类教育。

反之，在课堂上，自然学和数学似乎因为修辞术——一个最广泛意义上的普遍文学——教育①而退居次要地位。与此相反，柏拉图则

---

① 当然，人们可以通过向专家学习而获得附加的哲学、数学等方面的专业教育。不过，这种情况并不流行。

十分看重数学,乃至产生这样的传言:在柏拉图学园入口处写着这样一句话:"不懂几何者不可入内"(μηδεῖς ἀγεωμέτρητος εἰσίτω)。[当时的]几何学是普遍意义上的数学,同时传授纯算术和几何知识。后来,在人文学科(见下文)中,算术才与几何成为并列的独立学科,与人文学科一起成为教授的内容。

昆体良在《善说术原理》卷二第一章中说,[小孩]究竟何时开始学习修辞术课程,对此没有统一的意见。昆体良自己也认为,实际的年龄并不重要,重要的是学业已达到什么程度。与此相关,还有一个未解决的问题是,每一层次的课堂教学应完成哪些教学任务:

> 假如文法(即初阶课程)的任务延伸到教导学生说服("提供意见并劝说"的演说,也就是关于特定对象的题目,这通常是修辞术课的开端,随后才是论争、"对辩",大多是诉讼性的),那么,修辞术教师在后来才成为必须。假如修辞术教师不拒绝承担其职业最初的任务,那么,一开始他就需要在叙事练习和小文本上给予学生表扬或批评。

有关教学法的思考还不普及,心理学尚未发明(肯定不是现在人们理解的心理学),更谈不上儿童和青年心理学和教育学这些特殊专业。因此,每一位教师都有适宜于他自己的、因材施教的方法。教师只有教学上取得成功才能得到认可,甚至就此扬名。上文提到的奥尔比利乌斯、摩伦(Molon)等许多人就是如此。理所当然的是,(某些普遍有效的原则除外)方法取决于教师,而不是教师依赖于方法。现在的情况却正好相反,教师依赖教学法。人们常常有这种印象,对各种现代教学法的了解和(常常有问题的)应用是评价教师最重要的标准。

修辞术不可能也不会速成,这不言而喻。但是,了解修辞术的实践和实际运用——至少使自己敏锐地意识到这一点,将会有助于完成对修辞术的研究。在修辞术领域,探讨历史上那些著名代表人物的工作方式和他们所做的贡献,也许是唯一适用的方法,也肯定是唯一学术的方法。当然,历史知识和最精确的认识规则和认识导引,甚至严格遵守这些规则和导引,还远远不能塑造一位演说家。摩伦教过许多学生,但只有西塞罗一人成名。

一、古希腊修辞术

对艺术演说的学术研究,以及对其完成方法和影响力的探讨,始于欧洲演说术领域的智术师,他们同时也在实践和教学中运用自己掌握的知识。当然首先有演说,然后才出现修辞术,而不是相反。不难想象,将修辞术的理论知识放进实践中检验会很具诱惑力,几乎还没有哪门学科能够如此。另外,很少有哪门学科的纯理论如修辞术理论那样苍白。事实上,第一批演说家在古代也被当作第一批修辞术教师,如科拉克斯、提西阿斯、忒拉叙马霍斯(Thrasymachos)以及伟大的高尔吉亚,他们既是理论家,也是实践家。他们曾经不得不在这一领域花费大量时间和精力,以确定或简略或细致、或有效或无效、或恰如其分或夸夸其谈的演说方法,这些都是演说者要运用的方法。或许会有人天真地认为,掌握这些知识就可以着手研究某一次演说——一次听到的或者自己编写和发表的演说,然而那几乎不可能。某个时期,从教育学的角度来看,人们持乐观态度,相信美德(ἀρετή)本身和人的崇高"品德"可教,但也倾向于认为,修辞术的美德(ἀρετή)的可教性相对较小。① 假若人们不会因为哲人传播他的认识而指责哲人,那么,人们也不应当责怪修辞术老师教授其认为可教授的东西。只有当某个人认为修辞术具有教育意义时,这样和那样的夸张才有害。我们这个时代的人没有权利指责他们传授修辞术并收取高额学费,因为,现在没有固定职务的学者倒不如说是个可笑的角色。

在一个民主共同体中,公共演说的重要性,以及借助演说在城邦生活和法庭上站稳脚跟的必要性,不仅产生自生动有力、注重效果的演说本身,而且是在探索极其有效的富有感染力的演说原因时催生的。从这个阶段到教育只有一步之遥。研究和教育在古代同样如影随形。当然,实践首先想获利,技艺感兴趣的——人们想从中学习——则是人们应当怎样模仿和模仿的内容。大多数修辞术教师乐意迎合对这种τέχνη的需求。这当然适用于"饶舌的"希腊人,但不怎么适用于罗马人。人们只要想一想昆体良——第一个由城邦发放薪水的教师,想一想老塞涅卡和许多其他人就会明白,甚至写有修辞术著作的西塞罗也不例外——即使在他那里,修辞术似乎也被拔高到了哲学的层面,不过这进一步助长了修辞术和哲学的混淆。

城邦制度的民主基础必须赋予说服艺术极其重要的意义,越民

---

① Jörg Kube, *Τέχνη und ἀρετή*[《技艺与美德》], Berlin, 1969。作者在书中(尤其是页 40)指出,早在智术师之前,就讨论过美德(ἀρέτη)的可教性。智术师们只得研究一种技艺(τέχνη),一种方法。尽管柏拉图给予否认,但 Kube 的详细论述大体可以证实,智术师拥有明确的方法意识。

主或者越暴力，就越应该如此。因为，由党派选派的演说者并不是将党派的观点独白式地向公众宣传，表决结果也并非在舌战之前就已决定。在城邦和民事法庭，人们要进行艰难的争辩。那时，人们当然也不是完全客观地决定一切，非客观的思想自然也起作用，但是，谁的演说有说服力、吸引人，谁就占上风。反之，不具有这种能力的人从一开始就处于劣势。即使军队的统帅也必须演说。在古代，军队统帅的演说是纪事作品的重要组成部分。在这种情况下，不存在所谓纪事家准确抑或不准确地复述这些演说的问题。不管怎样，事实是，统帅们——如恺撒这样的人——演说的目的仅仅是为了激励士兵。戏剧中的对话也是实用修辞术的例子。演说尤其渗透在诗歌和散文中。因此，以前的修辞家通常也能从诗歌中学到很多东西。耶格尔(Sitz. – Ber. Berlin 1926, 页 83 以下)即使出于别的原因(即为了认可赫西俄德《劳作与时日》前言的真实性)，也至少部分相关且有说服力地表明："有时候提出令人吃惊的主张，认为这一前言不仅不真实，而且并不古老：前言的'修辞术'表明其属于希腊艺术散文诞生的时期。"形式比较(耶格尔列举了一系列这类比较)事实上很贴切，只不过，人们得修正文学史的结果："古老的艺术散文使用的修辞风格，大部分来自古老的颂歌，这种风格对颂辞、碑文、铭文、墓前演说、赞颂等郑重夸耀的文类($\gamma\acute{\epsilon}\nu o\varsigma$)来说完全自然。"古希腊、罗马也明白这个事实，众神和英雄，尤其赫尔墨斯、涅斯托耳(Nestor)和奥德赛，都被当作最初的演说家。人们不仅祈求荷马为众神和英雄们的演说术做证，也被看作演说术的发明者，即使他不能被赞美为技艺($\tau\acute{\epsilon}\chi\nu\eta$)的教师。对此，可在拉德马赫(Ludwig Radermacher)的《前亚里士多德修辞术余存作家》(*Artium scriptores, Reste der voraristotelischen Rhetorik*)中找到证据。人们完全清楚,在创立有关优秀演说的理论之前,这样的演说早就已经编写好了。否则,几乎不可能产生创立这种理论的需求,不仅是纯理论的,也要结合实际。西塞罗在《布鲁图斯》(*Brutus*)46 中引用亚里士多德的话说:"此前,没有人以明确的方法或技艺演说,尽管大多数人的演说小心谨慎、有条有理"(nam antea neminem solitum via nec arte, sed accurate tamen et descripte ① plerosque dicere)。

人们将随处可见的以及出现在诗歌和实践中的演说称为修辞术的前身——这并不准确,因为后来只有系统学习的内容才被认为是"修辞术"。很少有学科领域像系统修辞术那样,存在如此多公式化和依从规则的危险,由此,修辞术逐渐变得名声不佳。当人们称一位作家"讲究修辞"时——比如奥维德——通常是贬义,这并不令人奇怪,尽管修辞术的产生是为了研究自然的口才,以帮助人们说得更好和写得更好。

亚里士多德认为,②公元前 5 世纪中叶,颇有影响的政治家、哲人和预言家恩培多克勒(Empedokles)推动了修辞术的发展。也许,仅仅因为他的众多学生中有高尔吉亚,亚里士多德才会有如此说法。不过,恩培多克勒确实有杰出的演说能力。准确来说,亚里士

---

① 流传下来的是 de scripto。施密茨(Schmitz)修订。艾博哈特(Eberhard)订正为 discripte。di – 和 de – 容易混淆,虽然这是正确的,但 de scripto 的形式只能解释为,是 de –(而非 di –)在草案中。不过,无论如何都不可像克罗尔(Kroll)那样,引用西塞罗《论立意》(*de inv.*)I 49 的 discripte 而不加注明,那里 discr – 是对流传下来 descr – 的修订。——参 Thes. 1.1. V 1354; multis locis di – prave editores Bücheleri aucroritatem … (Kl. Schr. I p. 135) parum caute secuti。

② Bei Diog. Laert. VIII 57; IX 25. Sext. Emp. adv. math. VII 6. vgl. Quintil. III 1,8.

多德明确表示,芝诺(Zenon)"发明"了辩证术,恩培多克勒"发明"了修辞术。上述趋向——修辞技艺沿着这种趋向传播开来——肯定正确:西西里岛充满乐于演说之人,恩培多克勒出生于此,并在此发挥影响,这里肯定享有孕育欧洲修辞术的荣耀,因为,在古代,西西里岛人思想活跃远近闻名,正是这种活跃思想促使了修辞技艺($\tau\acute{\epsilon}\chi\nu\eta$)的第一批作者的诞生。自由演说和对演说的指导,可能在推翻僭主政制后才发展并繁荣起来。古代证据表明,在公元前467年希耶罗(Hieron)僭政被推翻之后,叙拉古人科拉克斯和提西阿斯首先编撰了修辞技艺($\tau\acute{\epsilon}\chi\nu\eta$, ars)的书。提西阿斯杰出的学生高尔吉亚对修辞术的发展具有决定性的作用,并积极参与了修辞术早期的传播,他也是来自莱翁蒂尼(Leontinoi)的西西里人。那时,人们认为科拉克斯具有政治口才,提西阿斯具有诉讼口才,高尔吉亚则创建了文艺的、毫无目的而有节奏的和技术精湛的演说。至少,后来的修辞家是这样记录的。(最后,拉德马赫将这些说法追溯到蒂迈欧[Timaios],不过雅各比[Jacoby]在 *FGrHist* III b 345 处对此持怀疑态度。)这三位演说家有师徒关系(科拉克斯—提西阿斯—高尔吉亚),不能隔断他们的联系,否则会疑惑重重。① 亚里士多德的观点与此相异(参西塞罗,《布鲁图斯》46),在学术研究一开始,他就将目光锁定在这两个叙拉古人身上,并且重点研究法庭演说。在其他地方(参《修辞术》卷二,1354b),亚里士多德甚至声称,直到他那个时代,人们都只研究 $\gamma\acute{\epsilon}\nu o\varsigma$ $\delta\iota\kappa\alpha\nu\iota\kappa\acute{o}\nu$,即法庭演说。即使亚里士多德宣称

---

① 参 P. Hamberger, *Die rednerische Disposition in der alten Τέχνη ῥητορική* [《古代修辞技艺中修辞家的策略》], Paderborn, 1914 (= *Rhetor. Stud.* [《修辞学研究》]第二卷), 页12以下。拉德马赫似乎倾向于认可这种说法。

法庭演说和政治演说方法相同,法庭演说仍毫无疑问处于中心地位。蒂迈欧(已不可考)和亚里士多德各自的说法有一点较为一致,即演说术在僭主政治结束后才发展起来,要么因为科拉克斯在希耶罗统治下发挥了政治作用,①在引入民主制后打算借助修辞术获得政治上的影响,要么因为僭主政治结束后,必须补上被推迟的私有化进程。②

修辞术教师不能放弃向他们的学生提出任务,因为,一旦与普罗塔戈拉(Protagoras)对话,没有练习的技能或没有技能的练习(残篇10,不过涉及数学)就一无是处。不管愿不愿意,他们必须自己想出部分演说题目。人们不会因此而指责他们。修辞术教师,尤其是稍晚时期的教师,经常受一种诱惑驱动,将教学看作目的本身,而非当作实现目的的手段,结果,演说题目与实际发生和可能发生的事情毫不相关。此时,人们完全有理由指责他们。他们有时过于为自己的能力而欣喜若狂,甚至使用欺诈、攻击和谬误,论证一些荒诞的事情。思考能被思考的东西,这种思考游戏是希腊人的本性,③修辞术也不例外。但是,字斟句酌的演说并非只带来单方面的乐趣:修辞术根本不只是用来欺骗听众。听众要求有这么一种表演,可以供自己尽情享受,为自己带来乐趣。

当然,最初的诸技艺(τέχναι)并非包罗万象的学说。过于精细的观察和规则不可能从一开始就出现,但是,也不能因为缺少足够

---

① 对这一信息的怀疑,见 H. Berve, *Die Tyrannis bei den Griechen*[《希腊人的僭政》], München, 1967, 卷一, 页 152。

② 一方面,蒂迈欧的论断过于确定,另一方面,他的理由——僭政取消后政治性的论辩才显露出来——远比亚里士多德的观点充分,亚里士多德认为,私有化进程在僭政期间中断了。

③ "希腊的,即是穷尽事物的可能性", R. Harder, *Das neue Bild der Antike*[《古代的新画像》] *I* 98 = *Kl. Schr.*, München, 1960, 页 88。

可靠的传说，我们就可以非常有把握地说出修辞术创建者科拉克斯和提西阿斯所确立的东西。他们没有编写两门可相互匹敌的技艺（τέχναι）。但是，书面记载就像我们设想的一样，原始资料没有提供可证实的材料。就此，亚里士多德的说法也不可信（参《修辞术》卷二 24，1402a 17），他提到科拉克斯的技艺（Κόρακος τέχνη），说只有科拉克斯记下这门技艺（τέχνη），但却在《辩谬篇》（Soph. el. 34, 183b 31）中称提西阿斯是这门技艺（τέχνη）的编写者。柏拉图《斐德若》（273a）的结论是，人们还可以研究提西阿斯。在《论立意》（参卷二 2, 6）中，西塞罗称提西阿斯是这门技艺（ars）的发起者，而在《论演说家》（卷一，91）中，他又将科拉克斯和提西阿斯放在相同的位置。在《布鲁图斯》46 中，西塞罗援引亚里士多德的话：西西里人科拉克斯和提西阿斯共同写下这门技艺和规则（artem et praecepta Siculos Coracem et Tisiam conscripsisse）。通常，人们习惯同时引用科拉克斯和提西阿斯（参昆体良《善说术原理》卷三 1.8；其他出处见拉德马赫，页 28 以下）。

据柏拉图《斐德若》（267a），提西阿斯和高尔吉亚教导说，（在演说中）可能性应比真实性得到更高的重视（即真实性并不总能说服人，相反，听众相信可能发生的事情）。从这句话中，我们可以得出这样的结论：最早的演说术教师都习惯运用εἰκός［可能性］，即可能性理论，他们确实了解人。①

兴许，苏格拉底和柏拉图有理由看不起这些人，并与之争论。但是，谁会像苏格拉底那样在法庭上放弃合理的辩护？律师以及修

---

① 公正、善良、美好等也具有相似的特性。对演讲者来说，重要的并非清楚地了解是什么，而是从量中得出可能的概率。

辞家帮助许多没有像苏格拉底那样在法庭上行事的人完全或至少公平地脱离危险,难道我们因此谴责他们? 修辞术创建者可能编写过别的演说稿,一条古代的信息①可证明这一点,尽管该信息的真实性存在争议。至少他们提供了在法庭上据理力争的方法。人们已经难以证实他们曾经制定过哪些规则,其详细内容又是什么。科拉克斯和提西阿斯很可能最早对演说稿采取了分段的形式,也可能只粗略地划分了引言($\pi\varrho ooí\mu\iota o\nu$)、主体($\dot{\alpha}\gamma\tilde{\omega}\nu\varepsilon\varsigma$)和结语($\dot{\varepsilon}\pi\acute{\iota}\lambda o\gamma o\varsigma$)。人们也知道更细致的划分,但对此描述不一。修辞术的创建者可能已经将对事件($\delta\iota\acute{\eta}\gamma\eta\sigma\iota\varsigma$)的阐述与证明($\pi\acute{\iota}\sigma\vartheta\varepsilon\iota\varsigma$ oder $\dot{\alpha}\gamma\tilde{\omega}\nu\varepsilon\varsigma$)分开,并且有意将顺带与事件有关的内容称为说明($\pi\alpha\varrho\acute{\varepsilon}\varkappa\beta\alpha\sigma\iota\varsigma$)。可能性原因($\varepsilon\grave{\iota}\varkappa\acute{o}\tau\alpha$)出现在证明中。

作为提西阿斯的学生,高尔吉亚对修辞术的发展产生了举足轻重的影响,虽然他不是第一个——人们有时这样说——把演说术从西西里岛传播到希腊的人。公元前427年,这位能言善辩之士受自己的城邦莱翁蒂尼(现在的伦蒂尼[Lentini])委派,动身前往雅典。早在高尔吉亚之前,来自卡尔塞顿(Kalchedon,靠近博斯普鲁斯海峡,在拜占庭对面)的忒拉叙马霍斯就到了雅典,他在柏拉图《王制》卷一中毫无顾忌,认为法律是强者即统治者的有力武器。在《辩谬篇》中(183b 29),亚里士多德也提到忒拉叙马霍斯的名字,在提西阿斯与拜占庭的忒奥多洛斯(Theodoros)之间。我们几乎不知提西阿斯的具体生平,即便忒拉叙马霍斯,我们也知之甚少。传本②记载,忒拉叙马霍斯是主从复合句和散文体节律的"发明者",这合

---

① Pausan, VI 17,8.
② 参西塞罗,《演说家》,52、175。

乎古代的观点。因为古代人比现代人——即使是法国人——更能从精练、吸引人的演说中获得更多的乐趣，所以，这一"发明"也极大地增加了人们从演说者的成果中获取的乐趣。此后，古代修辞术再也没有放弃节奏性地划分套叠长句，反而继续沿用和改进，并尽可能使其更高雅。不仅如此，艺术演说孜孜以求的东西也渗进散文体里，并随之普及、流行。人们没有仅仅将散文——比如纪事编撰——看作传递事实的工具，还考虑到其文本价值和流传时间，所以不得不更加艺术地精雕细琢。这也与如下情况有关：人们不再追求快速阅读的技术，而是大声地朗读，从而逐渐养成了聚精会神、朗朗上口地阅读的习惯。情况进一步发展：虽然诗艺本身也有节奏，在这方面并不需要修辞术推波助澜，但是诗人需要利用修辞术阐明文学创作的其他因素。此外，人们亦并未因此蔑视诗人的作品，而在我们这里，长时间以来，这种蔑视都很常见。①

当然，肯定不是所有以前的演说者都在无节奏地瞎扯。因为，节奏性地划分套叠长句也并非书桌上的产物。在教学讲座或教材中，系统地研究和编写套叠长句是修辞术教师和修辞家的工作。此外，忒拉叙马霍斯特别重视情绪刺激理论，以及法庭演说中的情绪刺激。对当时以及以后很长一段时间内都一再出现的外行法官而言，这点非常重要。众所周知，为达到目的，被告总是用尽一切办法。被告携妻带子——有时甚至借来老婆和子女——在法庭做感人的表演，这种情况众所周知。我们手中几乎没有以前的τέχναι，也没有忒拉叙马霍斯的教材，仅有一份无元音重叠的讲演稿《论政制》(Περὶ πολιτείας)的残篇。后来，避免元音重叠被伊索克拉底定

---

① 众所周知，甚至维吉尔都没有逃脱这种"蔑视"，更不用说奥维德了。

为常规,①随后的演说家们也无一例外地遵守。这一规则至少可追溯到忒拉叙马霍斯那里。大体上,忒拉叙马霍斯似乎习惯于一种讨人喜欢、不过分修饰的文体,其特征是简洁和朴实,所以他被忒奥弗拉斯托斯(Theophrast)视为言说适度(μέσον ἐν λέξει)的典范(这种适度的文类[μέσον γένος]不同于后来修辞类型的学说)。

但是,高尔吉亚使修辞术取得了明显的进步和决定性的突破。

首先,简短回顾一下所谓的诡辩术(Sophistik,或译作智术),即公元前5世纪那场令人印象深刻的思想运动,高尔吉亚也参与其中。此处暂不澄清对诡辩术的错误考证引起的误解,比如,"诡辩术的推论"是枉法者或不合格的律师的诡辩。智术师们首先不得不遭受他们的反对者柏拉图的责难——主要由文本讹传引起。讹传虽然保留了柏拉图的文本,但并未保留智术师本人的文本。那时,诡辩术和修辞术紧密相连,二者都促进了普通教育的发展,尤其是青年教育的发展。二者都不想漫无目的地研究,尽管它们也研究自身能力的理论基础;二者都为了伦理学而遏制自然学和形而上学,并只有在自然学和形而上学涉及人时才容忍它们。换言之,用西塞罗(参《布鲁图斯》,31)的话讲:"[苏格拉底所致力的]哲学,不是那种关于自然的古老哲学(指所谓爱奥尼亚的自然哲学),而是这样一种哲学:在这种哲学中,善与恶的事情、人的生命与道德能够得到说明"(philosophia non illa de natura, quae fuerat antiquior, sed haec, in qua de bonis rebus et malis deque hominum vita et moribus disputatur)。

---

① 赫尔摩格涅斯,Περὶ ἰδεῶν[《论形式》],306.23以下;比较308.13以下。Rabe. Longinos (3. Jh. n. Chr), *Rhet. Graeci*[《古希腊修辞术》] I Sp. – H. 188,21以下。

由于诡辩术的出现,哲学开始对人、人与环境的关系以及人的社会地位产生兴趣。普罗塔戈拉横遭误解和诽谤的句子最具有典型性:πάντων χρημάτων μέτρον ἄνθρωπος εἶναι, τῶν μὲν ὄντων ὡς ἐστι, τῶν δὲ μὴ ὄντων ὡς οὐκ ἔστιν["人是万物的尺度,是存在者存在的尺度,也是非存在者不存在的尺度",引自柏拉图《泰阿泰德》152a1]。用拉丁语讲,这是同一尺度的句子,它表明:我们,我们这些人,只有作为人才能获得认识。

智术师有全面的目的,他们想塑造完整的人格,σοφιστής这个词("智者",最初并不特指某一类人)表明了这一点,而演说术方面的教育只是其中一部分。有些人通过提高和完善技术、增加方法,常常凭一门技艺(τέχνη)和一本教材使口才更加出众,我们也可以将他们归入修辞家之流。

智术师为论辩逻辑的散布立下了汗马功劳。他们将其称为辩证术。这个词证明了这种练习的意义和目的:διαλέγεσθαι即"相互交谈"。辩证术是ἐρίζειν(争论)一词词义的延伸,相比其真正的名称,这大概主要是个谩骂性的词。希腊课堂的形式很独特,采用的是交谈的形式,亦即提问的形式。这种形式也适用于哲学、数学等方面最棘手的问题,它的长处在于,排除了只能纯粹被作者理解的抽象化概念,因为学生需要通过恰当的提问使自己得出正确答案。所以,大部分希腊教材以对话形式编写。显而易见,演说和论证的练习因此大大增强。所以,正如高尔吉亚出现在对诡辩术的描述中一样,普罗塔戈拉也有理由出现在对修辞术的描述中。

普罗塔戈拉(约公元前480－前410)是阿布德拉(Abdera)人,那里是希腊北部忒拉基恩(Therakien)一个繁华的城邦,也是德谟克利特的家乡,曾经是留基伯(Leukipp)的第二故乡。除上文引用的同一尺度的语句之外,他的下述说法也很有名:使不怎么有说服力的演说变为有说服力的演说。他承诺且教授这一点。人们马上按照"将错误扭转为正确"的意义来理解这句话,早在阿里斯托芬的《云》(行 89 以下)中就可以看出这一点。《云》行 114 – 115 写道:

τοὔτοιν τὸν ἕτερον τοῖν λόγοιν τὸν ἥττονα, νικᾶν λέγοντά φασι τὰδικώτερα

[他们讲授歪曲的逻辑,以不义的言辞取胜]。这是针对智术师——显然包括苏格拉底——的指责。我们由此陷入伦理学上的困境,究竟应该在何种程度上为好的修辞术辩护。没人能确定普罗塔戈拉本人该对人们对他那句话的错误理解承担多少责任,以及他是否有意为之。这个句子也有可能仅意味着,对于有可能失败(绝对不是错误)的演说,应当增强说服力,使之战胜有可能获胜(绝对并非完全正确)的演说。①当然,这句话也由于其精练的表达令人印象深刻。不过,把不具说服力的演说变为有说服力的演说的提法,并非只被归在普罗塔戈拉名下。西塞罗(《布鲁图斯》30)列举到:

Leontinus Gorgias, Thrasymachus Calchedonius, Protagoras Abderites, Prodicus Cius, Hippias Elius... aliique multi temporibus eisdem docere se profitebantur arrogantibus sane verbis, quemadmodum causa inferior—ita enim loquebantur—dicendo fieri superior posset.

莱翁蒂尼的高尔吉亚,卡尔塞顿的忒拉叙马霍斯,阿布德拉的普罗塔戈拉,开俄斯(Keos)的普罗狄科(Prodikos)、埃利斯(Elis)的希琵亚斯(Hippias)……当时个个享有盛誉,他们和许

---

① Blass(参 *Beredsamkeit* [《修辞》] I,25)已经表述过类似的思想,尽管小心谨慎,也没得到支持。

多同时代的其他人一起,不无傲慢地宣称,凭借雄辩的力量,他们可把不利的形势(他们如此说)扭转为有利的。

昆体良(《善说术原理》卷二,16.3)说,在提西阿斯、高尔吉亚和苏格拉底(同时代的人觉得他也是个智术师)那里也发现了这一点,因此,谐剧诗人指控苏格拉底教人扭转不利处境。然而,柏拉图说提西阿斯和高尔吉亚才做类似的承诺(nam Socrati obiciunt comici docere eum, quo modo peiorem causam meliorem faciat, et contra Tisiam et Gorgias similia dicit polliceri Plato)。柏拉图《斐德若》(267a – b)可能表达了这种含义,关于提西阿斯和高尔吉亚,柏拉图写道:

> 他们看到,似是而非的道理(可能性)看起来比真理更值得宣传(涉及已经提到的对可能性的喜爱);他们还凭借语词的力量,让渺小的东西显得伟大,让伟大的事情显得渺小,以旧方式表现新东西,以新方式表现相反一类的东西;他们还把话说得极短,把任何话题拖得无限冗长(也就是说,他们可以对任何事物发表尽其所愿的长篇大论)。

在拉丁语中,causa 一词包含的"争端—诉讼事件"这个意思十分引人注意,希腊语中的 λόγος 一词则肯定不是这个含义:西塞罗说 causa inferior – superior [不利—有利的形势],昆体良后来表述为 peiorem – causam – meliorem [扭转不利局势],这些有助于我们排除一切疑虑。昆体良毫不怀疑这句话应当这样理解,他只是告知,与自己不同道的谐剧诗人维护了苏格拉底的相同观点。此外,柏拉图也以这种观点谴责提西阿斯和高尔吉亚。

自然而然,这一狂妄的观点被认为是雅典放逐普罗塔戈拉的原因(亚里士多德认为,普罗塔戈拉是因为τὸν ἥττω λόγον κρείττω ποιεῖν[使无理看似有理]而被正当驱逐的[参《修辞术》,卷二,24,1402a]),人们对此不会感到惊奇,尽管会问其他智术师怎么样了。事实上,驱逐,或者他因害怕惩罚——会因此丧命——而逃亡的原因不在于此,而在于他因坚持无神论而受到控告。普罗塔戈拉把传统事物相对化,引起维护雅典城邦和社会稳定的民主力量的不满。他的相对化在神学面前也无所畏惧:"关于诸神,我既不知道他们存在,也不知道他们不存在。"(残篇 4 Diels)至今,人们还因为调查研究价值相对化的后果抱怨智术师。但是,在智术师们敢于质问可疑事物之前,城邦和众神的关联岂非首先是成问题的?

普罗塔戈拉对修辞术产生了真正有益的影响。虽然他并非语法的"发明者"(并非只有他注意到词的用法与句子结构的粗略区别),但是,他研究语法的现象和关联,功不可没。从诡辩术开始,语法课就成为学校教育的组成部分。人们应当记住,语法并非为了使语言变得困难,而是为了使其简单,为了使大众理解而保持正确的语言和成功的语言交流。追求正确使用语言是普罗塔戈拉的目标。他有时可能做得有些过头,① 但是,他揭示或阐明了动词的式(Modi)和性(Genera)以及其他一些规则。②

---

① 比如,他指摘《伊利亚特》的第一句包含两个错误:命令式,因为诗人不能也不想命令女神,而是请求她,所以应该用祈愿语气的动词;μῆνις,即愤怒,在此是阴性名词,与往常的希腊语一样,事实上却表示男性的感情冲动。

② 这里没有涉及第一批语言研究者使用的术语。比如,普罗塔戈拉称动词的式为"词干",将其划分为愿望、提问、回答、命令(祈愿语气的动词、虚拟式、直陈式、命令式)。

此外，拉尔修（Diogenes Laertius，卷九，51）确信，普罗塔戈拉第一个表示每一事物都有两种对立观点，该观点对修辞术的进一步发展极为重要，因为在课堂上练习相互辩论总能维持热烈的气氛。

也许，我还可列出其他智术师的名字，比如，为同义研究做出贡献的开俄斯的普罗狄科、埃利斯的希琵亚斯，两人都被他们的城邦看作能言善辩的聪明人，委以他们使者的重任。无论在理论还是实践上，其他一些智术师也为修辞术做过贡献，我们难以详细评述他们的功劳。他们的目的很少在于修辞术，大多在于"哲学"、智慧学，修辞术仅为其中一部分，甚至只是实际运用的一部分。同理，人们可以提到伯利克勒斯（Perikles），一位极具天赋的群众集会演说者，唯独他抱有实际的目的，打算领导民众，并且取得显著功绩。修昔底德（卷二，65）的话很有名，在以伯利克勒斯闻名的鼎盛时期，雅典虽然是民主制，但事实上则处于重要人物的统治之下。修昔底德在同样的地方强调伯利克勒斯领导角色的根基：个人人格的完美虽然是前提条件，但他也通过演说行使权力。

如上文所述，莱翁蒂尼的西西里人高尔吉亚带来了修辞术的蓬勃发展。后来，人们追溯到他那里的某些东西，可能并非直接源于他。但是，这只不过澄清了古人赋予他的意义，他主要替学院派修辞术叩开了希腊大陆的门。公元前427年夏，高尔吉亚率使团来到雅典，企图说服雅典人帮助他的城邦对抗叙拉古（Syrakus）。事实再度表明，希腊人相信演说天才，希腊城邦最先将外交使命委托给最具影响力的修辞家。看来，城邦也由此积聚了丰富的经验。莱翁蒂尼向伯利克勒斯的雅典求助时也是如此（虽然伯利克勒斯两年前就死于瘟疫)。公元前1世纪,西西里的世界纪事家狄奥多洛斯(Diodor,卷十二)和修昔底德(卷三,86)记下了关于这次使命的内容。不过,修昔底德没有提到高尔吉亚的名字。文献资料研究表明,狄奥多洛斯的说法可能出自极受尊重的纪事家蒂迈欧(约公元前346—前250,西西里陶尔米纳人[Taormina])。①后来的人与狄奥多洛斯的观点一致。高尔吉亚的演说肯定给人极其深刻的印象:"新颖的演说方式吸引了具有非凡演说天分并喜欢演说的雅典人"(狄奥多洛斯,前揭)。

这项使命,使抱有雄心壮志的高尔吉亚从守旧的殖民地来到希腊母邦。于是,大约从中年开始,高尔吉亚就过着旅行演说家和旅行教师的生活。德尔菲(Delphi)和奥林匹亚的节庆演说证实,他肯定在雅典待过两次。据说,高尔吉亚高寿,介于100—109岁之间,也许在忒萨利(Thessalien)的拉瑞沙(Larissa)去世。关于其财富,也有一些不大可信的传说,人们说他因为收取高额学费和学生众多而极为富有。许多说法都夸大其词,例如,西塞罗(《论演说家》卷三,129)和普林尼(《自然志》[*nat. hist.*]卷三十三)都提到在德尔菲有一尊纯金雕像,是高尔吉亚让人为自己塑造的,"non inaurata statua sed aurea"[并非镀金,而是真金],西塞罗如是说。但是,西塞罗描述的语气让人觉得,并非高尔吉亚自己,而是希腊人为了表示对他的尊敬塑造了这尊金像。泡赛尼阿斯(Pausanias)亲眼见过,他在《希腊旅行指南》(卷十,18,7)中说它只是镀金的。不过,这尊雕像没有保存下来。碰巧,我们有另一尊雕像的碑文,这尊雕像由高尔吉亚的侄孙欧摩尔珀斯(Eumolpos)所立,在奥林匹亚。无论如

---

① 参 E. Schwarz RE V 686. R. Laqueur RE VI A 1095。

何,高尔吉亚生前并不寒酸。Tantus erat docendae artis oratoriae quaestus(因教授演说术而财源广进),普林尼如此感叹道(《自然志》卷三十三)。

和其他智术师一样,高尔吉亚提出要为青年教育制订一份能让他们变得优秀的方案,这一方案首先规定演说术课程——形式教育和实际教育之间典型的混淆。虽然,没有形式教育,就不可能有实际教育,但是,该方案将形式教育视为目标本身,因此使很多智术师备受指责。苏格拉底、柏拉图的理想由此有别于智术师的实践,因而柏拉图反对智术师,也反对高尔吉亚。教师的合法任务是,用练习课上的短文训练学生的语言能力,普罗塔戈拉和高尔吉亚至少将此任务扩展如下:他们将短文交与学生熟记,而且绝不仅仅是当作范文,而是当作所谓的τόποι,即"套话",qui nunc communes appellantur loci[如今我们这里称之为老生常谈],西塞罗如是说(《布鲁图斯》,46)。这些都是编好的、令人印象深刻的短文,它们可镶嵌进许多演说里,是可以一再使用的套话。尽管对话体散文与修辞术之间有许多相同之处,但人们可以认为普罗塔戈拉更重视前者,亦即证明和推论的技艺,高尔吉亚则更重视演说的技艺。不管怎样,高尔吉亚把教育果断地集中到修辞术。他教授给学生的其他一切都只是辅助知识。从高尔吉亚开始了如下尝试:凭靠散文取得迄今只有诗歌才可能取得的效果,甚至要取得比用诗歌更好的效果。上文已经谈及,高尔吉亚肯定不是从零开始:荷马和肃剧诗人、抒情诗人以及谐剧诗人在他们的作品中已经嵌入了演说,其中便运用了修辞术所要求的手段。诗人不仅想按韵律写作,而且打算不加修饰地创作,且不说他们常常也有下列意图:让他们的听众和读者信服,或者——如在戏剧里一样——说服对方。

我们还保存有高尔吉亚的两份演说范本,即《海伦颂》(*Helena*)和《帕拉墨得斯》(*Palamedes*),前者称颂海伦并为其辩护,后者是一份辩护演说稿,有可能为被控叛国的帕拉墨得斯(Palamedes)而作。两份演说稿现在都被认为是真实的。此外,我们还有一份追悼阵亡雅典人的墓前悼词。这些演说稿大体可以证实狄奥多洛斯关于高尔吉亚在雅典演说的说法:演说风格雅致,辞采丰富,非同寻常,悦耳动听;常常出现ὁμοιοτέλευτον,即句末同音,压脚韵。在《会饮》(*Symposion*)中,柏拉图让高尔吉亚的学生阿伽通(Agathon,肃剧诗人)作了一通高尔吉亚风格的演说,克兰茨(Walter Kranz)在其《希腊文学史》(Leipzig, 1949 第二版,页 251)中说:"听得我们头晕目眩。"

高尔吉亚也撰写过关于技艺的著作和哲学论著。关于哲学论著,我们至少可以想象为《论真理》(*Über die Wahrheit*),而且,因其严肃的怀疑主义,任何时候这本著作都引人注意。结论是:"无物存在。如果存在某物,人也不可能对此加以认识。即便可以认识,也不可以传达给人并向人阐明。"这个推论竭力探讨认识论问题,所以,我们不可简单地说其中的论点是修辞术的怪论,目的在于哗众取宠。但是,这并不符合一个教书人的风格,让人觉得匪夷所思。

人们过去和现在都称σχήματα为所谓的修辞格。因其εὑρετής[发明者]的缘由,也叫作Γοργίεια σχήματα[高尔吉亚修辞格],其中包括那些与高尔吉亚没有直接关系的概念。假如人们对εὑρετής[发明者]不存偏见,而是承认高尔吉亚只是有意识地在极其恰当的范围内研究σχήματα[修辞格]的效果,并且教学生加以运用,那么,人们或许就会赞同可以追溯到蒂迈欧①的观点,这一观点在古代毫无争议。当然,εὑϱετής[发明者]并没有形成完整的和完美的体系。为了纪念高尔吉亚出使雅典(上文已经提及),狄奥多洛斯在同一出处(XII 53)说道:

> 他首先使用特殊的、因其技艺而突出的修辞格,对偶(ἀντίϑετα)、对等式(ἰσόκωλα)、对称句(πάϱισα)、压脚韵(ὁμοιοτέλευτα)和其他一些类似的手法,当时,这些手法因为显得奇特,人们因而乐意接受,现在(狄奥多洛斯的时代,即公元前 1 世纪)则被视为小题大做,常常令人厌烦,显得可笑。

缺乏天赋、过度的诽谤使极为有效的手法变得好笑、徒然,狄奥多洛斯根本没有谴责σχήματα,而是谴责σχήματα的过度使用,因而使用σχήματα必须小心,因为听众不再乐意听见同样的东西。

那么,是时候补充对于转义和修辞格的解释了,但这里不全面展开。转义(tropus)的希腊语是τϱόπος,拉丁语同样是 tropus,昆体良作了最好的解释,见《善说术原理》卷八,6.1:τϱόπος est verbi vel ser-

---

① 可在狄奥多洛斯 XII 53 发现。狄奥多洛斯没有指出它的来源。但是,哈利卡纳斯(Halikarnaβ)的狄奥尼索斯(《论吕西阿斯》[de Lysia] 3)有更简短的叙述,说蒂迈欧明确列举了相似的表达,并没有进行说明;斐洛斯特拉图斯(Philostratos)的《智术师列传》(vitae soph. I 13)说,一些人将πάϱισα、ἀντίϑετα和ὁμοιοτέτευτα的发明归功于高尔吉亚的学生珀洛斯(Polos),在雅典,高尔吉亚正好因此而特别受人钦佩(见下文);斐洛斯特拉图斯自己也特别强调,珀洛斯只不过滥用这种演讲风格,即过分使用,这样做并不正确。当然,古人并没有仅仅将整个演讲修辞体系的发明归功于高尔吉亚,只是在发明内容的归属上不一致。

monis a propria significatione in aliam cum virtute mutatio，即 τρόπος 是指一个语词或表达从其本义转换成他义，而且是 cum virtute[有价值地]转换。cum virtute 这一短语警示不要使用夸张和不恰当的、可笑的转义(τρόποι)。从修辞上讲，人们使一种 κακία[坏的]、κακόζηλον[追求不当的]、vitium[错误的]行为显得有罪。另外一个恰当的解释见卡利西乌斯(Charisius; Barwick, *Grammatici Latini* [《拉丁文法》], ed. Keil, Band I, Leipzig, 1964, 页 272): tropus est dictio translata a propria significatione ad non propriam similitudinem necessitatis aut cultus gratia[转义是一种措辞，出于必然或文采修饰的需要，把原义转换为相似而非原来的意义]。昆体良(《善说术原理》卷九，1.5)非常简短地解释为: in tropis ponuntur verba alia pro aliis[在转义中，语词被其他语词取代]。由此可见，这涉及一个词或一个短语的替换。最常见的转义是隐喻，即 μεταφορά, translatio。倘若恰当地扩展这个概念，那么，可以将所有转义都归结为隐喻。转义前后不存在根本的或普遍的区别。共同点在于，适当使用转义有利于修饰演说，即 ornatus。夸张却显得可笑，妨碍演说。不过，究竟什么是夸张，这不能清楚地解释。只在一点上人们还可能达成一致，即诗歌比散文更宽容些。在此，追求辞藻的演说比法庭演说和政治演说的包容性更大。卡利西乌斯的认识应该引起人们的注意，即应该有"必要的"转义。假如我们不说"眼睛"而说"光"，拉丁语是 lumina，或者荷马不说阿喀琉斯(Achilles)而说"战场上的雄狮"，那么，这不是必要的隐喻，而是在为修辞服务。但是，当我们说到"笔尖"且指的是钢笔尖，或者当我们说到锯的"齿"时，那么，这是一个必要的、不可替换的隐喻，因此，也就几乎不能理解为是在起修饰作用。有关必要的隐喻，保尔(Jean Paul)在《美学初阶》(*Vors-*

chule der Ästhetik)第20章写道:"在涉及精神性符号时,每一门语言都是一本失去了隐喻色彩的字典。"当然,其他修辞家也不否认必要的隐喻。在《善说术原理》(卷八,6.9)中,昆体良举例说明比较与隐喻之间的区别:假如我说"他像狮子一样战斗",这是一个比较;反之,假如我说一个人"是一头狮子",这是一个隐喻,translatio。

关于修辞术的 Figur[修辞格]这个概念——即 σχῆμα(原意指外表、外形、形式),复数形式为 σχήματα,拉丁语即 figura——我们同样可以追溯到昆体良的《善说术原理》(卷九,1.4),他写道:figura… conformatio quaedam orationis remota a communi et primum se offerente ratione[修辞格是言辞的一种构成,不同于常见的、直接显明的形式]。

属于修辞格的有 σχήματα,如上所引,狄奥多洛斯在这方面称颂了高尔吉亚,因为它在雅典听起来非常新颖。首先是 ἀντίθετον[对偶、对比],亦常被称为 ἀντίθεσις。① 这里也要引用昆体良,我们看如下对偶:vicit pudorem libido, timorem audacia [欲望压过羞愧,鲁莽盖过惧怕](昆体良《演说术原理》卷九,3.81,引自西塞罗《为克伦提乌斯一辩》[pro Cluentio] 15)。这里有两组对偶:pudor[羞愧]-libido[欲望]和 timor[惧怕]-audacia[鲁莽]。应说明的是,昆体良不仅区分上文引用的词语对偶,还区分如下句子对偶:odit populus Romanus privatam luxuriam, publicam magnificentiam[罗马人讨厌私人奢华,喜爱公共辉煌](昆体良《善说术原理》卷九,3.82,引自西塞罗《为穆雷纳一辩》[pro Murena,76])。

根据狄奥多洛斯,高尔吉亚使用的第二个不同寻常的修辞格

---

① 罗马人大多使用这个希腊语词,只是偶尔在追求语言纯正时用 contrapositum 或 contentio。

($σχῆμα$)是$ἰσόκωλον$[对等式];这种修辞格在拉丁语中大多称为 comparatio 或 compar。① 有时,人们也会为其找到其他名称:$πάρισον$ 或 $παρίσωσις$[对称句]。$ἰσόκωλον$ 这个名称最初表示"同样的冒号",意即对等的套叠长句或句子。但是,它也应用于更小的单位。Isokolon 和 Parisosis(即 $ἰσόκωλον$ 和 $παρίσωσις$ 的拉丁文转写)是两个表示"对等事物"的名称。比如,亚里士多德不使用 $ἰσόκωλον$ 这个表达,他说 $παρίσωσις$,《修辞术》(卷三,9.9,1410a)解释为: $παρίσωσις$ $δ'ἐὰν$ $ἴσα$ $τὰ$ $κῶλα$,[对称句即句子相同](亦即同样长、由许多相同的音节组成)。此外,伊索克拉底是使用这种受人欢迎的浅显修辞格的大师。后来的修辞术教师才偶尔作出如下区别: $ἰσόκωλον$ 表示句子成分的音节数完全相同,$παρίσωσις$ 或 $πάρισον$ 表示音节数大致相同。这源于如下观察,在许多句子中,最后一个词的音节经常长于前面的。狄奥多洛斯是否区分了 Isokolon 与 Parison,二者有哪些差别,如今已不得而知。不过,狄奥多洛斯应该没有研究过修辞术理论,否则——人们想必会认为——这两个名称肯定表示不同的事物,他仅仅是在泛泛地解释高尔吉亚在雅典的影响。他的观点的普遍性因为最后的"其他几个类似的手法"而一目了然。

Isokolon 的句子成分相互关联,当然经常出现第四种修辞格,狄奥多洛斯称为 $ὁμοιοτέλευτον$[结尾相同],拉丁语为 similiter desinens, simili modo determinatum,如果平行的句子成分以同音结束,就是"压韵"。西塞罗第二篇反喀提林演说的著名开头 abiit, excessit, evasit, erupti[他逃跑了、离开了、滚蛋了、流亡了],由 $ὁμοιοτέλευτον$[结

---

① 劳斯贝格(Lausberg)(见参考文献)引用的名称 exaequatum membris [平均等分](scil.: schema)不是术语,而是改写。

尾相同］的词语组成。《赫仁尼乌斯修辞术》，这本归到西塞罗名下的著作对 similiter desinens 做了举例说明（卷四, 20, 28）: turpiter audes facere, nequiter studes dicere; vivis invidiose, delinquis studiose, loqueris odiose［你胆敢行事不知廉耻，卑鄙地大放厥词，活得人憎鬼厌，犯罪恶贯满盈，说谎出口伤人］。高尔吉亚时代还没有细致的区分，这不难理解，而在《赫仁尼乌斯修辞术》中，我们在引用的内容中就可直接找到细微的差别。可以猜想，修辞术最初只有大致的区分，随后才在发展中有了更加细致的区分。

肯定还有其他智术师，他们教授修辞术，并进一步发展了修辞术理论。不过，这对本文几乎没有意义。因为，大多数情况下，除了人名外，我们什么都不了解，更没法证实他们的技艺。可以肯定，有学生效仿像高尔吉亚这样的人。他们也带来一些变革，比如，高尔吉亚的学生阿尔基达马斯（Alkidamas）就倡导即兴演说术，并推动其进一步发展。与此相反，三篇所谓的四步论——据说是安提丰（Antiphon von Rhamnus）所写——进一步用图表说明推论技艺。严厉的法律有关于杀害、谋杀、故意杀害和正当杀害的规定，这三篇就是不同案例中的范例和典型演说。之所以叫四步论，是因为每个人——原告和被告——按照阿提卡法律可发言两次。虽然人们对四部曲的真实性存在争议，但是，它似乎源于这个时期。此外，争议的问题还有，智术师安提丰（Antiphon）与修辞术教师安提丰是否是同一个人，或者，换言之，智术师安提丰是否即第尔斯（Diels）《前苏格拉底残篇》（*Vorsokratiker*）编号 87 中的演说者。早在古代，在著作《论形式》(Περὶ ἰδεῶν) 卷二 11（页 399 及以下 Rabe = 414 Sp.）中，赫尔摩格涅斯（Hermogenes，公元 2 世纪的演说家，哈德里安皇帝曾听过年轻的赫尔摩格涅斯演说）就根据文体认为不是同一个人。

(《论形式》论述的是文体类型,并非指柏拉图思想。)演说术没有挽救安提丰的生命:他出身贵族,是个有信念的人,在政治上主张建立贵族制,为此他被起诉。修昔底德(《战争志》卷八,68)说,安提丰作了迄至那个时期最好的辩护演说。①但是,安提丰没有逃脱被处决的命运——这本身就是一场政治诉讼,在雅典,修辞术也并非万能。

这里应当提及苏格拉底,尤其是柏拉图。不过,如要公正地评价他们,已经超出文本的意图。柏拉图某些对话的标题就已表明他反对智术师,尤其反对他们包罗万象的、在他看来非哲学的教育。首先,在《高尔吉亚》和《斐德若》中,针对智术师的修辞术观念,柏拉图以文学的方式表达了自己的立场。在此,不可能做到 audiatur et altera pars[兼听则明],这并非柏拉图的错,因为他不可能预料所有的评价,我们今天虽然能读到他的文本,却读不到其对手的文本。

现在,我们来到了阿提卡演说术的鼎盛时期,后世把这个时期的演说者奉为典范。公元前 2 世纪末,人们厌倦了小亚细亚的语言弊端,规定了作为典范的"阿提卡十大演说家"(zehn attischen Redner),②从上文已提到的安提丰(约公元前 480—前 411)一直到德摩

---

① 有一些零散的、启发意义不大的章节在莎草纸上保存了下来[安提丰版本由 Blass – Thailheim 印刷,Leipzig,1914(= 1966)]。

② 这一规定在帝制时期很流行。它肯定经历过最初的阶段。10 也许不是最初的人数。一些人将该规定归在白家孟的阿波罗多洛斯(Apollodoros,约公元前 104—前 22)名下,他是卡勒阿克特(Kaleakte)的屋大维和凯奇利乌斯的老师;另有人将之归在卡勒阿克特的凯奇利乌斯(关于此人,见下文)名下。实际情况如何,我们已不可能获得确切的信息。儒弗斯(C. Valgius Rufus,公元前 12 年,cos. Suff.,因贺拉斯的《讽刺诗》[sat.] I 10,82 和献给他的颂歌 II 9 而出名)将阿波罗多洛斯的技艺翻译成了拉丁语(同样未保存)。——在西塞罗的《致希罗德》(Ad Att.,IV 19,1)中,我们第一次发现被当作语言风格特征的"阿提卡主义"(具有讽刺意义)这一说法。

斯忒涅的模仿者德纳尔科斯(Deinarchos,约公元前 360—前 290),具体包括下列修辞家:安提丰、安多基德斯(Andokides)、吕西阿斯(Lysias)、伊索克拉底、埃斯基涅斯(Aischines,德摩斯忒涅的主要反对者)、伊塞奥斯(Isaios)、德摩斯忒涅、许佩里德斯(Hypereides,和德摩斯忒涅一样,是马其顿的敌人)、吕库戈(Lykurgos,马其顿的敌人;在雅典卫城的南坡上,他重新用石块修建狄奥尼索斯剧场,并将三大肃剧家的作品以城邦样本的方式确定下来)、德纳尔科斯。这些人大都对他们那个时代产生了巨大影响(不少人是学校校长),他们对修辞术理论的意义,随着修辞术的规范化才开始体现出来。也许伊索克拉底和德摩斯忒涅除外,因为对他们的模仿从未完全停止过。

毫无疑问,吕西阿斯占据突出地位,人们对他的评价更高,他虽与伊索克拉底和德摩斯忒涅并列,但在时间上先于他们,还被许多人视为纯粹的阿提卡人。试想,如果人们知道吕西阿斯与色诺芬平起平坐,许多拜占庭作家,包括普罗科普(Prokop),将他的风格视为典范,而且新希腊语书面语似乎都受他影响,那么,人们大概就明白他的重要性了。古代认为他创作了 233 份演说稿,其中 31 份保存了下来,不过有 5 份或 7 份是赝品。此外,吕西阿斯的重要性还体现在他是修辞术记录人之一,因为他可能是提西阿斯的学生。

诺尔顿(Norden,《艺术散文》[*Kunstprosa*],卷一,113)把伊索克拉底(公元前 436—前 338)称为"希腊艺术散文的完成者"。此处应当强调,是艺术散文,而非修辞术学说。但是,在同一段落中,他又将伊索克拉底的风格描述为"大理石般光滑,又大理石般冰冷"。从伊索克拉底起,元音重叠正好成为规则,这条规则被忒拉叙马霍斯提到过,早已成为谈论的话题。在伊索克拉底那里,使用有节奏的分句理所当然,大多数情况下都做了恰当的编排。伊索克拉底避免严厉的语句(用希腊语表示,τὸ πρέπον指命令),所以,人们常常觉得他没有强烈的感情。赫尔摩格涅斯称他的风格过于生硬、"稳重而有教育意义"(πρεσβυτικὸν καὶ διδασκαλικόν,《论形式》397 Rabe = 412 Spengel)。伊索克拉底带着极为明显的虚荣心讲究修辞,乃至于相信,通过优美、恰如其分的语句,他可以号召人们行动起来,使热情洋溢的话语只有在热情洋溢的时间和环境中产生作用。尽管他肯定为他的授课制定过方案,但他并没有编写一本教材(这方面尚有争议)。

伊索克拉底最初为他人编写诉讼演说辞。后来,他建立了一所修辞学校,并担任校长。在这所修辞学校中,正规学习三到四年,每月举行演说比赛。一般课程的主要内容是实用、通行的处世之道。在长达50年的教学生涯中,一些重要人物曾是他的学生,其中有纪事家埃佛罗斯(Ephoros)。

在一定程度上,伊索克拉底可被视为忒拉叙马霍斯套叠长句和高尔吉亚脚韵艺术的完善者,古代早就有这样的结论。①晚年,伊索克拉底亲口说他不想再频繁地使用对偶(Philippos 27;Panathenaikos I ff.)。总而言之,在他那里,修辞术明显表现出适当和节制的特征。斐洛斯特拉托斯认为(《智术师列传》[Βίοι σοφισιτῶν] 卷一 17,1):"他虽然没有发明对称式(Parisa)、对偶和压脚韵(Homoioteleuta),但是他很好地利用了这些发明。"伊索克拉底恰当地——我们得承认,比高尔吉亚更恰当——使用了高尔吉亚修辞格。西塞罗在

---

① 参 *Dionysios von Halikarnaβ de Isaeo*[《哈利卡纳斯的狄奥尼索斯论伊塞奥》]19;西塞罗,《演说家》174 以下;也可比较昆体良的不同说法。

《论演说家》176 中也有类似的判断。伊索克拉底尤其重视节奏,但是并非借助删掉句子成分的方法——高尔吉亚喜欢这样,而是通过华丽的有时绵延不断的套叠长句。伊索克拉底的长句篇幅很大,富有节奏且流畅。西塞罗也有此种感觉(见《论演说家》39 以下,在涉及忒奥弗拉斯托斯的一段中)。他的句子,尤其是句末、韵脚,听起来有一定的节奏,当然是在避免诗行的情况下。首先是双韵脚(— ⌣ — ᴗ),完整的 Dikretikus (— ⌣ — — ⌣ ᴗ) 和不完整的 Dikretikus (— ⌣ — — ᴗ),这也是西塞罗喜爱的韵脚。但值得注意的是:韵脚仅仅是节奏的一部分!伊索克拉底的运用达到令人惊异的效果:节奏根据内容的需要,或快速或缓慢,或激烈或柔和,或尖锐或悦耳。如今,我们再也不可能正确地听出这一切,虽然演习几次我们也许还能感觉到这种节奏,但我们几乎感觉不到这种节奏产生的效果。

假如把归纳出的优秀演说家的三个前提条件归于伊索克拉底——这三个前提条件为:φύσις[天赋、自然]、παιδεία[教育]和χρεία[应用],还有ἐπειρία[练习、经验]——那么,这可能低估了他之前的那些前辈。在他之前,教师们对付无天分的学生似乎没有多大困难,和所有教师一样!他们似乎没有为传授演说教育(παιδεία)而招收学生,似乎没有用没完没了的练习折磨学生!当然,作为教师,伊索克拉底在其常年教学中也常常表达这三个要求。倘若说从卡图对演说者作为 vir bonus dicendi peritus[善于辞令的好人]的纯正罗马式解释中,虽然可以找到那种乏味语言的后果,却无法发现卡图对 vir bonus[好人]的重视,而在伊索克拉底那里却根本没有出现ἀνὴρ ἀγαθός[好人],那么这说法肯定不对。除了傻子,每个人都能讲演,且教学、学校最被看重。卡图则不再谈论此事,相反,他所指的 peritus[善于]可能是指在古罗马法庭上获取经验的人,但肯定不是学校或书房中的练习培养的演说者。

能够与伊索克拉底相提并论的是德摩斯忒涅。凡是研究罗马修辞术的人必定对德摩斯忒涅有所了解。不然,如果不了解西塞罗的希腊榜样,怎能理解"罗马的德摩斯忒涅"——西塞罗?西塞罗自觉是罗马的德摩斯忒涅,不仅西塞罗的崇拜者承认这一称谓,即便反西塞罗者,虽然嫉妒和不乐意,也都认可这一点。他在修辞术上最后一项成就是,有意识地以《反腓力辞》(Orationes Philippicae)为标题反对安东尼(Antonius),这篇演说辞的题目来自德摩斯忒涅反对马其顿腓力的演说。毫无疑问,德摩斯忒涅主要是政治家和国务活动家,并且他愿意担当这些职务。在这点上,西塞罗可与之比肩。倘若需要找出一个修辞术代表,那么,德摩斯忒涅无疑代表阿提卡修辞术的顶峰。后来,一些人甚至认为他太优秀、太艺术了。有关他的争论也证实了他的影响。

柏拉图则完全是另外一种情况,他与诡辩术和诡辩式的修辞术做斗争,与运用修辞术的亚里士多德对峙。作为实用主义者,柏拉图过于讲究实用,似乎对修辞术的理论和实践基础不感兴趣。亚里士多德企图将自然学、政治、诗术——总之,人类知识的方方面面——都纳入他的 φιλοσοφία[哲学]领域,柏拉图则为修辞术贡献了一篇留存至今的作品。在这一点上,至少,较之名气比不上自己的学生忒奥弗拉斯托斯,柏拉图更幸运。不过,西塞罗能掌握丰富的关于修辞术的历史知识,却要感谢忒奥弗拉斯托斯。在此,名气大的人使小人物的著作影响全失。

在一部失传的青年对话《蟋蟀》(Gryllos)中,亚里士多德可能还站在柏拉图一边。但是,随后在修辞术上,他首先成为重要的编辑者：他编了一本有关所有修辞术教材的综述材料《技艺通集》（Συναγωγή τεχνῶν），可惜失传了。但他并不满足于此。在他自己的教材中，他按逻辑编排材料，并深化相关知识。古代关于这一题材的书籍当中，亚里士多德的书最重要。数百年来，人们都使用亚氏的书进行修辞学训练，并且为此书出版了多个拉丁文译本。这本著作的诞生也体现了亚里士多德的工作方式：他首先收集（或者让人收集）现存的文献，并汇编在一起；在查明并记录现有材料后，他对这些材料进行思想加工，从中建构出自己的思想，其成果就是我们现在的三卷本《修辞术》（Τέχνη ῥητορική）。（可资比较的是法律条文的汇集，偶然保存下来的《雅典政制》[Ἀϑηναίων πολιτεία]只是其中一本，此书旨在从法律条文中推断最好的城邦形式。柏拉图关于城邦的著作则以不同的方式产生。）

不过，亚里士多德不仅是伟大的编辑者，也是一个伟大的逻辑学家和系统论者。"相反，亚里士多德"，歌德在《色彩学史》（*Geschichte der Farbenlehre*）中说：

> 像一个人，像一个建筑工程师那样面对这个世界。他追根溯源，一旦发现根源，便不再追究下去。对他而言，其他都不重要。围绕他的体系，他画了一个巨大的基础圆圈，把材料从四处收集到这里，整理、排序，堆放成规则的高金字塔形。柏拉图则像方尖塔、像火焰，寻找着天顶。

兴许也可以这样表达，亚里士多德不以思想为出发点，或用更加时髦的说法——不以意识形态为出发点来改变现实，而是计算、构建现有的材料和人的现状。

亚里士多德修最独特的辞术观点是《修辞术》第一句话：ἡ ῥητοτική ἐστιν ἀντίστροφος τῇ διαλεκτικῇ[修辞术是论辩术（或译"辩证术"）的对应物]。在第二章开始，他总结前面的研究："修辞术是一种在任何问题上找出可能的说服方式的能力。"根据这一定义，可以清楚发现修辞术与辨证术的亲缘，因为修辞术也可算作辨证术。

根据修辞术涉及的情况，亚里士多德在前人基础上将修辞术分为三种类型，这一分类至今基本有效。《修辞术》卷一，3，1358b3："必要时有三种演说类型：议事体、诉讼体、颂扬体"。昆体良《善说术原理》（卷三，3.14）中的拉丁语表达为：partes enim rhetorices esse dicebant laudativam deliberativam iudicialem[他们（古理论家）说，颂扬的（ἐπιδεικτικὸν γένος）、议事的（συμβουλευτικὸν γένος）和诉讼的（δικανικόν）演说是修辞术的三个部分]。议事性演说（γένος συμβουλευτικόν, Genus deliverativum）谨慎地建议别人做某事，或劝阻别人不要做某事。比如，在群众集会上，要在不同的可能性中做出决断时，就要权衡利弊，并推荐其中一种可能性，这涉及未来。（时间段的确定也来自亚里士多德。）诉讼性（γένος δικανικόν, iudiciale）演说的作用是针对法庭上的控告或辩护，即关系到是否发生违法的事情、某某是否即作案人等问题，这涉及过去。颂扬性（γένος ἐπιδεικτικόν, genus demonstrativum）演说主要包括节庆演说，颂词涉及应得到赞扬的人，对象是一个法人或者一个机构，这涉及现在（参 V. Buchheit，参考文献部分）。这三种类型（γένη, genera）又可分别分为正反两面，即诉讼演说分为起诉与辩护，议事性演说分为告诫与建议，颂扬性演说分为称颂和谴责。在这些演说中，会涉及公正、利益和荣誉等伦理因素。

和大多数保存下来的亚里士多德文本一样，亚里士多德修辞术类的书籍同样结构复杂。大体上,著作可依据演说家的活动划分功能(ἔργα, officia)。第一卷和第二卷的内容是立意(εὕρεσις, inventio),即材料的发现以及论证理由。第三卷内容为措辞(λέξις, elocutio;亦称φράσις[风格]、ἑρμηνεία[表达方式、表达力]),大致可以用"文体"来表示。这涉及对思想的表述,是从选材(inventio)中得出思想。同样在第三卷,布局(τάξις, dispositio)——即思想和表达的划分——是结语部分。① 理所当然,在实践中,这些部分相互交叉。比如在立意(inventio)中就自动预先分类,因为为发现其他材料,演说者必须专注于特定的复合物。不妥之处是,亚里士多德对演说全文的布局(部署)放在结尾。单个想法可能已经成形,所发现的材料可以马上用语言表达出来,但为了将演说形成一个整体,需要事先在思想上进行概括、编织、特定的划分和归序。只有各部分相互之间的语言表达已经形成,单个部分的衔接才有可能天衣无缝。根据天资的差异,演说者可能偏爱逻辑的或联想式的思维进程,而思维进程在表达出来以前就大致清楚了。亚里士多德的《修辞术》是纯理论性的教材,不像柏拉图的著作那样以对话形式编写。如我们所知,虽然亚里士多德同样写过对话,但是,耶格尔有理由称亚里士多德的对话形式为"学术的辩论对话",亦即只是外部形式看起来像对话,实际谈话双方仍在独白,这是我们首先从西塞罗和塔西佗的《关于演说家的对话》(*Dialogus de oratoribus*)中认识到的形式。

---

① 演说的这三部分(ἔργα)后来(兴许是忒奥弗拉斯托斯)增加了记忆(即μνήμη,拉丁文为 memroria,见下文忒奥德克特斯[Theodektes])和发表(即ὑπόκρισις,拉丁文为 pronuntiatio 或 actio[行动],页 31)。尽管掌握这些显然必须凭靠实际练习,但因为演讲的一个重要内容是当众发表,所以在古代人们通常能背出演讲词。奇怪的是,亚里士多德对实际的东西不感兴趣。

概言之，亚里士多德究竟离实践有多远？换句话说，他试图怎样解决已谈及的一切修辞术面临的伦理上的两难困境，亦即演说术——言辞的力量（δύναμις τῶν λόγων）——难道不会妨碍对真理的发现、掣肘法律的公正？煽动情绪并不重要，这最能体现他的观点（《修辞术》卷一，1，1354a44及以下）。在秩序井然的城邦中，法律规定禁止原告和被告情绪冲动。我们知道，亚里士多德没有达到目的，他也不可能达到目的。在雅典，后来在罗马，陪审员被赋予很大的决定权。即使现代国家的律师也有好坏之分，也涉及修辞术的使用，尽管在现代法律中（亚里士多德在此仅指法律演说）人们尽可能对所有情况都做出详细的规定。这是一项要求，亚里士多德早就用有趣的理由提了出来：好法律应当尽可能少地取决于法官的决定。1. 因为找到一个或者较少的明智人（即立法者）比找到许多这样的人更容易；2. 因为立法者在制定法律时经过深思熟虑；3. 因为法律以未来而非以爱与恨交错的当下为基准。我们可以猜测，假如亚里士多德未能看见我们当前法律的效应，那么亚里士多德会对我们的法律充满研究的乐趣。亚里士多德也试图用一个提示（《修辞术》卷一，1，1355b13）来应对上述伦理困境，所有对法律的不公正运用都能造成损害，唯一不会受到损害的是德性（ἀρετή）。这一答案并不令人满意，因为后来一再提出同样的问题。

亚里士多德再次扼要涉及这一论题（14章）：修辞术的任务——这是典型的亚里士多德式提法——并非掌握说服的方法，而是发现（或者研究得出，ἰδεῖν）一件特殊的事情有哪些可信的东西（πιθανά）。这些可信的东西（πιθανά）分为不加修饰（ἔντεχνοι）的和艺术性很高（ἄτεχνοι）的说服方式（πίστεις），前者要再度加工，后者则可以直接拿来运用，如证词和证明文书等等（卷一，2，1355b2）。能够彰显演说者个性的手法也具有高度的艺术性,还有那些能煽动听众情绪的手法。在此,一开始被拒绝的煽动情绪的手法突然出现,尽管未详细介绍。没有哪种理论能对如此重要的、显而易见的事实置之不顾。

亚里士多德认为,演说术(他谈的是诉讼演说)只能说明事情本身是什么,从这一基本观点出发,对他而言,说服的手段——按照他的观点同时也是证明文件(《修辞术》卷一,1,1355 a-b)——构成修辞术本来的题材。亚里士多德区别了说服方式(πίστεις)与证据(ἀπόδειξις),通常,人们不习惯把证据从说服方式中分离出来。因此,大多数情况下πίστεις与ἀπόδειξις——拉丁语 probatio 与 argumentatio——没有区别。修辞三段论(Enthymem)首先被当作演说的说服方式。这是一种演说术推论方式,通常是简化的三段论,或者说得更确切些,可以将推论全部追溯到三段论。(例如:人人都会死,苏格拉底是人,所以苏格拉底会死;这是描述性的三段论。又如,简化的三段论是:因为人人都会死,所以苏格拉底也会死。)在昆体良《善说术原理》(卷五,10.1 以下,《论论证》[De argumentis]这一章)中,有一些关于三段论和修辞三段论的论述。① 完整的三段论在修辞术上也被称为反驳,ἐπιχείρημα,本义是"攻击",因此拉丁语为 adgressio。此外,昆体良著作中的论述也表明,对此难以进行严格区分。亚里士多德的《修辞术》(卷一,2,1356a8)如此写道:

---

① ἐνθύμημα(Enthymem,音译为恩梯墨玛,意即修辞三段论)这个词源于 ἐν-θυμεῖσθαι (ἐν+θυμός),意为:听者或读者必须推想 θυμός [血气、性情]中缺乏的东西。

说服凭借真正(或者有说服力)的或表面的论证,正如辩证术或是通过归纳式论证($\dot{\epsilon}\pi\alpha\gamma\omega\gamma\acute{\eta}$),或是通过三段论或表面的三段论,修辞术的情形同样如此。因为,例证是一种归纳法,Enthymem 是一种三段论。从而,我把 Enthymem 称作修辞三段论,把例证称作修辞归纳法。所有(演说者)都通过举例或修辞三段论的方法来证明,构成自己的说服方式($\pi\acute{\iota}\sigma\vartheta\epsilon\iota\varsigma$),舍此别无他法。

对亚里士多德而言,修辞术与辩证术在推理论证上有一致之处,他在其逻辑和辩证术讲稿中指出了这一点(《前分析篇》[*Analytica priora*]和《后分析篇》[*Analytica posteriora*];《论题篇》[*Topik*])。①

亚里士多德也认识到可能性($\epsilon\iota\varkappa\acute{o}\varsigma$)的重要性。他只是寻找逻辑的理由而非说服性的理由。"修辞三段论,"他说(《修辞术》卷一,2,1357a14 及以下),"由可能性和间接证据($\dot{\epsilon}\xi\ \epsilon\iota\varkappa\acute{o}\nu\omega\nu\ \varkappa\alpha\grave{\iota}\ \sigma\eta\mu\epsilon\acute{\iota}\omega\nu$)组成。"接着是一场简短的笔战,大概针对科拉克斯和智术师,他们把可能性定义为完全有效的。亚里士多德则有所保留,认为只有当作为整体的一部分,或者像人们可能所说的,作为一般中的特殊时,可能性才有效。卷一(2,1356a7)说演说者需要三样东西:推理能力、辨识性情和德性($\tau\grave{\alpha}\varsigma\ \dot{\alpha}\varrho\epsilon\tau\acute{\alpha}\varsigma$)的能力以及认识情绪本质的能力。人

---

① 在此,难以详细论述有关归纳论证的所谓有效性或无效性的全部历史材料。在逻辑学中,归纳论证是从特殊到一般的推论。(严格的逻辑学家拒绝这一方法:迄今为止人人都死去,不能推论出人人都会死。密尔[John Stuart Mill,1806–1873]试图表明,常用的经验已足够,尤其因为本来就仅从特殊推论到特殊。)在学术上,归纳法是从经验的见解推论到普遍有效的方法,演绎法则相反。

们清楚地看到,对亚里士多德来说,重要的是理论基础和纯粹的方法钻研。对于辩证术,他可能有同样的论述,《修辞术》第一句话就强调二者的相似性。

在《修辞术》卷三(13,1414b3—4),亚里士多德把演说分为四部分。引言、陈述(πρόϑεσις,即事实的确定)、说服(Pistis,论证)和结束语。对一切演说而言,他认为必要的只有陈述和说服。在这种情况下,亚里士多德强烈反对其他观点或划分法。从中可以看出,前人已做显著的划分——"对立比较"、"扼要重述"等。亚里士多德局限于根本的和普遍有效的东西。此处,他没有区分逻辑与辩证术,也没有沉溺于原先对划分和分类的喜好,其著作的前两卷就给人这样的感觉。不过,在亚里士多德的所有探讨中,不仅能感到一种逻辑和分析的启发,也能觉察一种强烈的伦理学意识。

卷三论布局(τάξις)之前的理论,研究的是演说的表现形式。亚里士多德虽然没有明确表达出来,但是,他显然没有给予表现形式很高的地位。最重要的要求是:演说的德性(ἀρετή,[拉丁语 virtus])在于必须清楚(σαφῆς; σαφήνεια[perspicuitas])并恰如其分(πρέπουσα; τὸ πρέπον[aptum, decens, decorum, conveniens, accommodatum])。清楚为的是让听众理解;恰如其分意味着,演说既不可卑微(ταπεινός,[humilis]),也不可高高在上(ὑπέρ τὸ ἀξίωμα)。诗可以比散文更高雅,散文只应十分谨慎地使用高雅的表达法(卷三,2,1404b1)。①

---

① 这里,我们已经看出一些端倪,演说风格(genera elocutionis)的划分对后来意义深远:纤秀、适中和宏伟(genus humile, genus medium 或 mediocre, genus grande 或 grave)。中世纪 Rota Vergilii 的三种风格对应维吉尔的三本主要著作:《牧歌》、《农事诗》和《埃涅阿斯纪》。

亚里士多德相对详细地论述了隐喻。这里最明显地体现出与诗的差别，这也是亚里士多德常常提到他的诗术的原因。此处的基本规则仍然是恰如其分，因为诗歌中适当的表达，在散文里则可能显得可笑。论述隐喻时，亚里士多德更接近现代审美观，而非上一个世纪的方法。他推崇欧里庇得斯，郎吉努斯（Ps. - Longin, 40, 2 及以下）和昆体良同样如此，索福克勒斯（《善说术原理》卷十，1. 67 - 69）所受待遇则明显不同。适用于隐喻的［说法］，也适用于形容词，总之适用于所有词类。文中一再劝告要正确把握尺度，比如，指小化名词确实可能很美，但也容易显得可笑。

不确切或矫饰的隐喻，以及不恰当的形容词——亦即经常使用过度等类似情况——都被亚里士多德归到"呆板"（ψυχρόν）这一概念下。

演说也涉及比喻和比较。上文已引用昆体良的著名例句："像狮子一样"是比较，"他是头狮子"则是隐喻；亚里士多德的说法类似：阿喀琉斯"像狮子一样扑向他"是比较，"一头狮子扑向他"则是隐喻。

关于节奏（卷三 8, 1408b），亚里士多德一开始就要求，"语言表达的形式不应有格律，但也不应没有节奏"（τὸ δὲ σχῆμα τῆς λέξεως δεῖ μήτε ἔμμετρον εἶναι μήτε ἄρρυθμον）。但是，节奏也只能在一定程度上感觉到——他这里也警告不要夸张。亚里士多德经常推荐的是颂歌，而且是 — ∪ ∪ ∪ 和 ∪ ∪ ∪ — 这种形式。西塞罗在《演说家》218 中写道：

> est quidem (paean), ut inter omnes constat antiquos, Aristo-
> telem, Theophrastum, Theodectem, Ephorum, unus aptissimus ora-

tioni vel orienti vel mediae; putant illi etiam cadenti, quo loco mihi videtur aptior creticus.

  所有前辈——亚里士多德、忒奥弗拉斯托斯、忒奥德克特斯(Theodectes)、埃福儒斯(Ephorus)都同意，颂歌最适合用于演说(意指:长句)的开头和中间。不过，他们认为颂歌也适用于结尾，我则认为结尾更适合用三音步或五音步诗体(- ⌣ ⌣)。

  此外，亚里士多德未继续谈论节奏。倘若联系西塞罗的相关段落——在《演说家》(212 以下)和《论演说家》(卷三 193)中，西塞罗对节奏都有很多相关的论述——那么，就可判断亚里士多德的《修辞术》与西塞罗两本著作的区别。(西塞罗尤其喜欢引用亚里士多德，但是，在借鉴别人有益的东西时，西塞罗保持自己的独立性。)关于陈述，亚里士多德要求(卷三,9,1409a1 及以下)，措辞不可由连续的只靠连词相连的句子组成，必须运用圆周句(περί-οδος)。这种句子因其自成一体而受人欢迎，并且因为更易记而容易被理解。因此，圆周句也应在思维上自成一体，而非七零八落。圆周句可分为复合从句和简单从句。圆周句和从句既不能短如老鼠尾巴(μύουροι)，也不能过长。

  随后(卷三,9,1409b7 及以下)，亚里士多德提到并列和对立的成分。他特别建议(第 8 节)使用对偶。他顺便提到"对称句"(Parisosis)，谈到生动的表达、诙谐的言语和运用比喻和谚语等等。总之，亚里士多德的著作是一部不完整的修辞术理论。亚里士多德本来就不是实践演说家，也不是演说辞撰写者。事实上，他有些讨厌这些外部事务。不过，人们必须考虑到:亚里士多德不可能像更重视实际运用的西塞罗那样,从前人的财富中获取灵感,而且,这也不是亚里士多德的专长。对他而言,把辨证分析的高超技术运用到纯粹的演说修辞上,这样做既对内容毫无意义也不值得。倘若联想到,《修辞术》一开始就反对煽动情绪,那么,人们几乎会对此感到吃惊:在其著作中,亚里士多德以如此庞大的篇幅论述了外部修辞手段——这是对实践的最重要的妥协,使修辞术不仅仅被视为辨证术。

亚里士多德还撰写有其他关于修辞术的著作。上文提及的已遗失的对话《蟋蟀》,也谈到有关早期手册的梗概(罗斯[Rose]残篇68以下,125-141)。此外,亚里士多德还出版了弟子忒奥德克特斯的一本遗著,但同样已遗失。人们猜测,亚里士多德自己的修辞术著作包含了这本遗著的内容,或者相反,这本遗著引用了亚里士多德修辞术讲疏的资料。不过,托名亚里士多德的《亚历山大修辞术》(*Ῥητορικὴ πρὸς Ἀλέξανδρον*, Rhetorik an Alexander)是伪作,虽然这本书同样出自公元前4世纪,文德兰(Wendland)把它归到同时代的兰萨库斯(Lampsakos)的阿那克西米尼(Anaximenes)名下,人们长期以来对此深信不疑。现在,人们却不再那么确定了。它仅仅因为显然比亚里士多德更好地保存了智术式的修辞术,所以才令人感兴趣。这种修辞术必然更接近实践。

反之,保存下来的《论题篇》(*Τὰ τοπικά*)属于逻辑文本。《论诡辩术的论证》(*Περὶ σοφιστικῶν ἐλέγχων*)——同时也是《论题篇》的第9卷——只是把这个题目当作特殊标题。《论题篇》显然与"修辞术"之间有某种共同点,因为该篇包含真正的辩证术——辩论的技术,其中,可能性论证而非精确论证被赋予重要意义。*τόποι*的拉丁语表达是 loci communes,即"套话":普遍的观察角度、普遍的论点;

这些是基本的内容,并反复出现。这涉及哲学的论证而非修辞术的论证,对学术辩论而非演说本身有益。当然,修辞术不能变成逻辑学,但在《论题篇》中,逻辑对亚里士多德而言很重要。重要的不是说服法官或人民大会的方法,而是竭力使讨论有序,即努力按逻辑顺序和实际重要性揭示结论。随后,第9卷谈到作为陪衬的非学术方法,这种方法受到亚里士多德鄙视:"诡辩术的论证以及诸如此类的,虽然看起来是论证,但只是谬误而不是正确的结论……"(164a)他此处使用"诡辩术的论证"这个概念,蔑视之意表露无遗。

当然,亚里士多德的学生和接班人阐释性地深化了他们老师的著作,并且补充了细节。首先应谈到忒奥弗拉斯托斯。据说,他从历史的角度继续加工亚里士多德的著作,亚里士多德自己几乎没有提到演说术的历史。但是,忒奥弗拉斯托斯的修辞术著作已遗失,其他亚里士多德学派的著作同样遗失了。韦尔利(Fritz Wehrli)出版了包含亚里士多德学派哲人著作的断简残篇《亚里士多德学派》(*Die Schule des Aristoteles*,见参考文献),只需要查阅这些卷宗,人们就会发现,许多亚里士多德学派成员都有过关于修辞术的论述,比如小阿里斯通(Ariston)、泰洛斯(Tyros)的狄奥多洛斯、克瑞托拉俄斯(Kritolaos),即便如此,保存下来的也很少。此外,他们还思考过修辞术与哲学的地位之争。

总而言之,遵循大师足迹的逍遥学派(按:即亚里士多德学派)在修辞术上保持领先地位。学园派对修辞术则不怎么感兴趣,学园派创建者柏拉图的追随者同样如此。即便是伊壁鸠鲁的信徒,似乎也几乎不研究这一题目。这与他们对待世界的态度有关。

反之,对于廊下派对修辞术构建所起的作用,人们以前也许评价过低。不过,若人们想到廊下派文献刻意的质朴、不加修饰,那么之所以有这样的评价也就很容易理解。在古代，人们就抱怨廊下派的这种文风，尤其是早期著作，今天，人们仍然能辨认出来。他们追求简短和精确，这种追求想必符合他们对确定术语的渴望。在这一点上，廊下派事实上贡献良多，他们对修辞术的兴趣，从一开始就产生于严格的伦理渗透和对演说真实性的强调，即便如此，这也有利于修辞术。后来的廊下派完善、扩充了演说修辞的学说，尤其是有关转义的学说，这似乎应归功于他们的系统化划分。除此之外，廊下派对语言的贡献很少与修辞术直接相关，而是属于语言哲学（与亚历山大式的类比推理者相反，比如克瑞斯普［Chrysipp］）或语法领域，他们特别重视语言的正确性。

修辞术渗透到了古希腊文化的精神生活和学校教育领域，与其重要性相反的是传本。我们明确了解的只有少数几个人物：从亚里士多德的同侪和伊索克拉底的学生开始，我们可以列举记忆法体系的创建者忒奥德克特斯——他也以肃剧作家著称，只有少量残篇为人所知。他创立了主要以视觉联想为基础的体系（一般的 τόποι, loci, 应牢记，添入了个别情况的要点，εἴδωλα, imagines［意象］，就此可参 Auct. Ad Her.［《赫仁尼乌斯修辞术》］卷三，16，28 及以下）。① 忒奥德克特斯本人没有留下什么著作，但他的记忆法直到今天仍发挥作用。尤其是在古代，人们习惯凭记忆作演说，所以记忆法非常重要。

唯一的修辞术文献《论表达方式》(Περὶ ἑρμηνείας, 即"文体"）更注重美学品位，而不是技术，出自所谓希腊化时期，并保存到罗马帝

---

① 关于古代的记忆法参见 H. Blum, *Die antike Mnemotechnik*［《古希腊罗马记忆法》］，博士论文，Tübingen，1964 = Spudasmata 15。

制时期。该文献署名为亚里士多德学派的帕勒隆的德墨特里俄斯（Demetrios，约公元前350—前280）。不过，这几乎不可能是他本人撰写的，文献可能出自更晚些时候。

如同许多其他领域一样，希腊化时期修辞术领域也更明显地流露出希腊文化的小亚细亚海岸风貌，在思想、理解力上都超过贫穷的旧邦。除小亚细亚大陆外，修辞术主要扎根罗德岛，这儿也是恺撒和西塞罗为了倾听摩隆（Apollonios Molon）①的教诲要寻找的家园。提比利乌斯（Tiberius，又译"提比略"）也在罗德岛上过修辞术课，老师是加达拉的忒奥多洛斯（Theodoros von Gadara）。罗德岛学派大约在公元前120年由阿拉班达的阿波罗尼奥斯（Apollonios von Alabanda，在加里亚[Karien]）创立，安东尼乌斯（M. Antonius）听过他授课。这一学派习惯于一种近乎格言式的风格，以阿提卡人许佩里德斯为准则，不同于在小亚细亚大陆备受推崇的修辞术（genus orationis Asiaticum，西塞罗，《布鲁图斯》325，后者因为言辞浮夸而声名狼藉）。阿提卡文雅风格与所谓小亚细亚风格（尽管与阿提卡文雅风格相反，但并非一种文体风格）之间的对立，源于早期的模式差异，这种差异从公元前2世纪开始产生作用，在纪元之初达到其第一个顶峰，公元2世纪在所谓的第二次智术师运动时经历了第二次高潮。

西皮洛斯山（Sipylos）附近的赫格西阿斯（Hegesias von Magnesia，公元前4或前3世纪）属于较早的小亚细亚风格。这也是理解

---

① 公元前81年，作为罗德岛的使节，摩隆是第一个在罗马元老院前不用翻译发言的人，由此可知罗德岛学派和摩隆（阿波罗尼奥斯·摩隆，老摩隆的儿子）所享有的崇高荣誉。同时，可知的是，在罗马占主导地位的男性普遍接受希腊式教育。

问题:凭着机智的文字游戏、夸张的比喻,甚至简短、完全有韵律的停顿,兴许赫格西阿斯认为自己就是艺术演说的继承者,后来的阿提卡派却觉得他是纯洁的经典语言的败坏者。

真正具有重要意义的是特姆诺斯(Temnos)的赫尔玛戈拉斯(Hermagoras,公元前2世纪)。他的六卷本修辞术著作虽然"十分枯燥"(塔西佗,《关于演说家的对话》19.3;参见西塞罗,《布鲁图斯》263),却因其结构清楚明晰而成为罗马共和国修辞术课程的基础教材。(这部著作已失传,但是从《赫仁尼乌斯修辞术》、西塞罗《论立意》,尤其是昆体良的著作中,人们得以重新获悉该书的内容。)赫尔玛戈拉斯主要关注法学上的演说,他将其完善并充实成一套复杂的体系——$\vartheta \acute{\epsilon}\sigma\iota\varsigma$、quaestio infinita 或 generalis[确定的或一般性质的问题]学说(依据普遍性诉讼案件)以及尚有争议($\sigma\tau\acute{\alpha}\sigma\iota\varsigma$;constitutio,status)的学说(可能提出的问题:1.推测性争议[$\sigma\tau o\chi\alpha\sigma\mu\acute{o}\varsigma$,coniectura];2.定义争议[$\H{o}\rho o\varsigma$,constitutio definita;比如谋杀或故杀];3.性质争议[$\pi o\iota\acute{o}\tau\eta\varsigma$,constitutio generalis;其中比如紧急状况、被迫执行命令的处境、可使罪行减轻的情况];4.程序争议或转移争议[$\mu\epsilon\tau\acute{\alpha}\lambda\eta\psi\iota\varsigma$,constitutio translativa;比如非职权之内、偏见])。

许多重要的罗马人曾在希腊学习、逗留,希腊修辞家的著作明显经过罗马人加工处理,没有什么比这一事实更能说明希腊修辞术和罗马修辞术的融合。或许,根据语言,罗马共和国晚期尤其是帝国时期的修辞术,可以确切分为希腊和罗马两个部分,其中,个体修辞家发挥了作用(即使这一点因罗马"人"会希腊语的事实几乎可以忽略不计[quantité négligeable]),但是,两个语文领域绝不会割裂精神性原则。在西塞罗那里体现了一个虽小却重要的区别。在希腊人那里,修辞家与哲人的争论从未停止过。比如,伊壁鸠鲁派哲人(海格立斯[Herkulaneum]莎草纸),尤其是以箴言诗闻名、来自加达拉(位于加利利海东南部)的斐洛德谟(Philodemo,公元前1世纪70年代来到意大利),完全认为修辞术毫无用处,至少对搞哲学的人来说如此;前文提到的西塞罗的老师、阿拉班达的阿波罗尼奥斯却敌视哲学(西塞罗,《论演说家》I,75)。在西塞罗那里,这两种生活方式融为一体。在罗马,哲人与修辞家之间的争论并不那么激烈,然而,西塞罗所追求并至少部分实现的哲学和修辞术的综合仅限于他本人。

希腊文化和罗马文化之间的结合仅停留在意识中,尤其是希腊修辞术和罗马修辞术的结合。昆体良是罗马第一个由城邦支付薪水的教师,而且是修辞术教师。在雅典,皇帝哈德里安或奥勒留(Marc Aurel)设立了两个修辞术教师职位,薪酬可观。前文提及了第二次智术师运动(只保留残篇),以弗所(Ephesos)的洛利阿努斯(P. Hordeonius Lollianus)及其学生特奥多托斯是当时[的智术师],他们中有一人获得过修辞术教师职位。因此,不可单独论述罗马修辞术史。然而,也不能认为希腊修辞术是直线发展的。此外,现在人们对权力的吸引力也知之甚多,尽管希腊人屈服于罗马人时也不免带有自傲,罗马人的权利仍然对希腊人有吸引力。为避免提及希腊哲人帕奈提俄(Panaitios)、纪事家珀利比俄斯(Polybios)和其他人,哈利卡纳斯的狄奥尼索斯(Dionysios von Halikarnas,约公元前30年)来到罗马,在此撰写了一部罗马史(《罗马考古学》[*Römische Archäologie*]),这难道是一种偶然?在这部著作中,作为修辞家的狄奥尼索斯充分运用了他已有的修辞学知识——阿提卡风格的最后胜利尤其应归功于他。我们从他那里知道了《论语词的搭配》

(Περὶ συνθέσεως ὀνομάτων)(选词；词语在句子和句段中的综合法；散文与诗①)。狄奥尼索斯没有摒弃旧有的低级、中级和高级文体的划分法，但是增补了更多依据美学和声调的体系，他分为平整、中等和粗糙的搭配：σύνθεσις γλαφυρά[优雅的搭配]，比如萨福、苏格拉底；σύνθεσις μέση[适中的搭配]，比如荷马、柏拉图、德摩斯忒涅；σύνθωσις αὐστηρά[严谨的搭配]，比如品达、修昔底德(Thukydides)。狄奥尼索斯为学校编写了古典作家关于"模仿"的论述(保存不完整)。此外，他还从文体上考订早期作家的作品。他论述阿提卡演说家的著作，保留了关于吕西阿斯、伊索克拉底、伊塞乌斯和德摩斯忒涅的部分(对狄奥尼索斯而言，吕西阿斯是阿提卡模式的卓越典范，德摩斯忒涅是完美的典范)。狄奥尼索斯还批判性地探讨了柏拉图和纪事家的修辞(致庞佩乌斯[Cn. Pompeius Geminus]的信)，并且，在一本专著和所谓致安麦俄斯(Ammaios)的第二封信中，他尝试扭转对修昔底德的过高评价。在所谓致安麦俄斯的第一封信中，他否认德摩斯忒涅依赖亚里士多德的修辞术。[在一本关于德纳尔科斯的著作中]他研究了真实性问题。他有一本关于修辞格理论的著作和一本与[伊壁鸠鲁派]哲人辩论的文本，已佚失。有本关于技艺的书，作者虽然是狄奥尼索斯的名字，但不是真作。

狄奥尼索斯的历史著作(写于修辞术著作之后)描述的古罗马

---

① 比如，他的例子保存了萨福著名的诗歌 Ποικιλόθρον' ἀθανάτ' Ἀφροδίτα[《斑斓宝座上永生不死的阿芙洛狄忒》](残篇 1, Diehl)和西蒙尼德斯(Simonides)的 ὅτε λάρνακι ἐν δαιδαλέαι[《在制作精美的方舟中》](残篇 38, Page)。同样应该列举的还有无名氏的 Περὶ ὕψους[《论崇高》]，从中我们可了解萨福的 Φαίνεταί μοι κῆνος ἴσος θέοισιν[《依我看，那人显得如神一般》]，由诗人卡图鲁斯(约 51)转抄，由此为我们提供了比较的可能性。

情况表明他对古罗马缺乏理解,人们因而对他的著作持反对态度。然而,作为修辞术评论家和语文学分析家,狄奥尼索斯却具有开创性,而且肯定比同样居住在罗马的凯奇利乌斯(Caecilius von Kaleakte)更有天赋,后者虽然活跃得多,却相当迂腐。凯奇利乌斯尤其尊敬"阿提卡的"吕西阿斯,他著作的部分标题(遗憾的是几乎连残篇都没有保留下来)使人想起狄奥尼索斯著作的标题。凯奇利乌斯的阿提卡主义还体现在,他完成了两部阿提卡风格的、按字母顺序编排的词典。但是,凯奇利乌斯过于夸张,所以不能正确对待柏拉图等真正的伟人。此外,凯奇利乌斯还编写了一本著作《论崇高》(Περὶ ὕψους),因为另一本著名而重要得多的无名氏著作《论崇高》(ΠΕΡΙ ΥΨΟΥΣ,以前被认为是郎吉努斯所写,因此常标明引文出处为[Ps.] – 郎吉努斯)而为人所知,无名氏著作《论崇高》从根本上反对夸张的阿提卡主义和凯奇利乌斯的吹毛求疵。作为文学概念,ὕψος应理解为"崇高"、思想和语言表述的伟大。① "崇高"这个概念是典型的艺术理想:比起清澈明净的小溪,尼罗河、多瑙河和莱茵河给我们留下的印象更深刻,浩瀚的海洋则更甚(35,4),卡利马科斯则更偏爱清澈的源泉,而非多淤泥的两河流域(第二部《颂歌集》[Hymnus]结尾)。无名氏举例说明他的观点,认为早期的作家实现了内容与形式的统一。无名氏认识到并承认作家之间的差异,比如柏拉图和德摩斯忒涅(也提到西塞罗)。一本文学杰作之所以给人留下深刻的印象,是因为其显示出对文学崇高的鉴别力。凯奇

---

① 将ὕψος[崇高]翻译成erhaben已经过时,因为这个德语词如今表示另外的含义。不过,由于本来就缺少完全对应的德语词,通常都保留这个翻译,以免因新名称引起困惑。

利乌斯似乎要努力估量这种伟大之所在,无名氏却没有企图阐明不可阐明的东西。就重视文学的伟大这点而言,无名氏可与狄奥尼索斯相比,因为他认为艺术品的美学价值高于逻辑性(凯奇利乌斯似乎已尝试说明这一点)。

当然还有一些优秀的演说者(比如享有很高声誉的阿里斯提德[Ailios Aristeides],约生于公元117年),我们[从中]获知不同的技艺($\tau \acute{\epsilon} \chi \nu \alpha \iota$)。但是,原来的学校修辞术教材是塔索斯(Tarsos)的赫尔摩格涅斯(约公元160—225)的著作。不过,在作者去世很久后,该教材才开始产生很大的影响。自公元5世纪以来,这些书得到内容丰富的、或多或少有价值的评注,此外,一些被认为是赫尔摩格涅斯写的论文,后来也出现补充的内容。因符合时代特征和需求,他的著作专门用于教学(参下文,塞涅卡等较早时期的人)。这些书籍并不具有实用价值,而是(与还未消逝很久或者也许还未消逝的时代的作文教学相符合)给出虚构的、不可能出现的情况下的任务。赫尔摩格涅斯并非一个具有创造性思想的人,他的影响在于,总结迄今为止大家研究出的东西,并继续将其加工糅合。比如,他的争议学说(Stasis-Lehre,两卷本《论争议》[$\Pi \epsilon \rho \grave{\iota} \ \tau \tilde{\omega} \nu \ \sigma \tau \acute{\alpha} \sigma \epsilon \omega \nu$])以赫尔玛戈拉斯的理论为基础,但出现了更多(部分是通过分解而得到)争议(Staseis)。他的修辞风格理论《论形式》($\Pi \epsilon \rho \grave{\iota} \ \iota \delta \epsilon \tilde{\omega} \nu$)情况亦相同,他把古修辞风格理论、建立在狄奥尼索斯基础上的理论,以及后来愈加完善并符合美学准则的修辞风格,进行了总结和系统化。署名赫尔摩格涅斯的四卷本《论取材》($\Pi \epsilon \rho \grave{\iota} \ \epsilon \dot{\upsilon} \rho \acute{\epsilon} \sigma \epsilon \omega \varsigma$)流传于世。这些著作后来把争议学说和理念及语体学说融合成一本《修辞术技艺》($T \acute{\epsilon} \chi \nu \eta \ \dot{\rho} \eta \tau o \rho \iota \kappa \acute{\eta}$),这本书肯定有很多内容经过修订,明显具有赫尔玛戈拉斯的特点。(这些教材的命运:它们的权威性基于其教学实用性,很少取决于作者,这与文学作品的通常情况一样。因此,修改这些教材是合理的。)古代修辞术理论结束于赫尔摩格涅斯及其对修辞术理论的构建。

二、古罗马修辞术

当我们转而论述古罗马修辞术时,我们应当想到,大概每一种演说都始于原始时代,只不过并非所有初始阶段都产生修辞术。荷马史诗中,英雄们集会商谈,即便众神也聚集在一起协商,以解决问题。像宙斯那样的独裁者不允许毫无意义的连篇废话(《伊利亚特》第八章开篇),尽管如此,在协商中,能言善辩者仍然总是显得举足轻重,尤其在一个建立在法律而非强权基础上的社会中。奥德修斯——而不是埃阿斯(Aias)——获得阿喀琉斯的武器,这并非没有道理。就此而言,诗人在欧洲文学的开端就决定了这个撒路斯特式的问题:身体的力量抑或灵魂的德性能获取更大的军功(vine corporis an virtute animi res militaris magis procederet,《喀提林阴谋》1.5)?只要不是专横统治——日耳曼人和印第安人亦然,只要在商谈中能言善辩者属于一个贵族化或者民主化社会中最重要的人物之一,情况就同样如此。

我们不能找到证实罗马最初的修辞术起源于何时的证据。此类证据其实显示了最初的神权—君主政体的统治形式。在此种情况下,演说的正当性和权力受限于神的指令,神职人员或主事神职人员直接或间接地把神的指令告诉政治共同体。不过,在现有的研究中,神职人员在共同体中的地位,在理论和实践上都未受到足够的重视。这一疏忽始于柏拉图的城邦理论,甚或更早一些。在柏拉图的时代,此种情况应归咎于苏格拉底和柏拉图的理性主义。因为,一种理性主义的理论怎么可能致力于研究非理性的力量?但是,人们不应该权当非理性力量不存在。值得注意的是,罗马人成功地将神职人员纳入城邦的社会结构中。用动物内脏占卜这种方式,即使再原始,再难以理解,也受城邦控制。当然,可以理解的是,国家权力不容许魔法和迷信流行,尤其是不容许那些更加具有煽动性的非理性的祭仪。

为什么罗马产生的修辞术迥异于希腊,另一个原因——至少部分地与第一个原因相关——是异族埃特鲁斯坎(etruskisch)的统治。异族的统治至少表现在最后的帝制时期,并且毋庸置疑。

总之,与希腊的情况大致相同,修辞术在罗马绝非万能。除已列举的原因,罗马还总是怀疑煽动性演说。历史很少证实这种怀疑没有根据。此外,罗马人对文学最初的不理解也是原因之一,罗马人具有明显的社会性,即太受城邦牵制。

那么,修辞术在罗马最初的痕迹和特征是什么?首先应想到的是 laudatio funebris,所谓的葬礼悼词,或者更好地表达为墓前悼词。珀利比俄斯在《罗马志》(卷六,53)中的描述称赞了罗马的葬礼。罗马人这种过分讲究的表演给这位希腊人留下了极其深刻的印象:去世者的祖先,即全体氏族的祖先都"亲临"了,穿着祖先官服、戴着死者面具的男子鱼贯而出,同族的权威走到显贵们的面前,排场豪华的队伍向古罗马广场推进。血缘最近的亲属作葬礼悼词。整个队伍显示出氏族的辉煌和权力。葬礼的悼词用言语来强调这一切,这些话语将刚去世的亡者称颂为氏族的荣耀及罗马民族与城邦受尊重的代表。

葬礼悼词仪式以前是而且后来仍然是氏族的示威游行。它至少发源于共和国之初，其贵族特征显而易见。从保存下来的少量悼词残篇得知，这种仪式保持了一种简朴的形式，它也有宗族性限制，因此从一开始就是可行的。（我们了解古代文学形式明显受宗族牵制。）不过，西塞罗在《论演说家》（卷二，11.44）中对于致珀皮莉娅（Popilis）的葬礼悼词的考订不完全正确，卡图卢斯（Lutatius Catulus）是这一对话中的共同演说者，并"使当时所有出席者都感到异常愉快"（omnis, qui adfuerunt, delectatos esse vehementer）。如西塞罗所注明的，公元前102年或前103年所作的这篇葬礼悼词是第一篇，为一位妇女而作。

可以理解，一种如此以荣誉为准则的形式在帝制时期必定会慢慢消亡。如昆体良（卷三，7.2）所言，通过在"国葬"上由元老院委任葬礼高级官员，从而将葬礼悼词引入到一个无危险性的轨道之中，自此之后，我们就几乎只能听到皇室成员的葬礼悼词了。无论如何，有时仍然体现出氏族的骄傲：塔西佗以尤尼亚（Iunia）的葬礼结束了《编年纪事》第三卷，给人留下深刻印象，尤尼亚是那个最早的共和主义者小卡图的侄女，死于公元前22年。

赋予死者及其氏族如此高的荣誉，如此看重与此相关的"德性"的示范作用，只有在贵族社会里才理所当然。这与希腊的碑文毫无关系。希腊碑文最有名的代表是伯利克勒斯时期致阵亡战士的墓前悼词，由修昔底德记录（《战争志》卷二，35以下）。碑文通常写给阵亡战士，在修辞术中，碑文是演示性文体（genus demonstrativum）的一种特殊情况。相反，在罗马（参见昆体良上文同一出处），葬礼悼词是一种固定性的惯例。人们更容易想到，葬礼悼词与nenia（即挽歌）相联系。至少，这是一种罗马的形式，人们为死亡而痛苦,兴许是在悲叹品质高贵却死去的至亲至爱之人。不过,这种想法却产生了错误的结果。因为,第一,就我们所知,葬礼悼词是一个氏族的集会,并且是一种(即使是相对较晚的时期)延及妇女的荣誉,而挽歌是一般性的也为出身较低微的亲属举办的仪式。第二,葬礼悼词具有城邦、社会意义,非神秘仪式,相反,挽歌是具有宗教性和神秘性的哀歌,用来安慰死者的亡灵。所以,挽歌是每个死者都必需的。如此看来,葬礼悼词是葬礼的一个理性的因素,而挽歌是一神秘的、非理性的因素。葬礼悼词通常由一个近亲、一个职位较高的官员宣讲,挽歌则可以留给哭灵的妇女。

我们可以在李维(《罗马史》卷二,47.11)那里找到最早的葬礼悼词的线索:凯索(Kaeso Fabius Vibulanus)致他的兄弟(Q. Fabius Vibulanus)——后者作为地方长官于公元前480年在战胜埃特鲁斯坎人的战斗中阵亡——以及在同一战斗中牺牲的最高行政长官(Cn. Manlius)的葬礼悼词。该葬礼悼词是否具有纪事性质,这个问题就如同早期罗马历史中的许多事件一样,也许最好不去深究。按照李维(卷二,61.9)的记载,公元前470年,著名的克劳狄乌斯(Appius Claudius)为其父亲所写的葬礼悼词情况也如此。都瑞尔(Durry,见参考文献,页65)将其置于已证实的事件中。相反,根据老普林尼《自然志》(*Naturalis histoiae*,卷七,139),两个半世纪以后的梅特路斯(Q. Caecilius Metellus)在公元前221年写给其父的葬礼悼词是确实的,甚至有书面记载。下文会马上论及。

晚期悼词最有名的是:1.致爱妻的悼词残篇(悼文 *CIL* VI 1527 和 37053 = Dessau8393 及都瑞尔处)。致爱妻的悼词残篇提出了许多问题,其中包括法律问题,对于这些问题,都瑞尔给出了最好的阐释。都瑞尔估计,其撰写的时间在公元前8至前2世纪之间。人们甚至怀疑,这是一份真正的墓前悼词(Schanz – Hosius II 337 以下)。2. 保存下来的《穆狄娅颂》(*laudatio Murdiae*),由她的儿子所写(*CIL* VI 10230 = Dessau 8394)。这份悼词大概出自奥古斯都(augusteisch)时期。3. 公元 119 年的《玛提狄娅颂》(*laudatio Matidiae*)。玛提狄娅是哈德里安妻子莎比娜(Sabina)的母亲。这份墓前悼词是哈德里安自己所作(*CIL* XIV 3579)。

关于最古老的葬礼悼词的主要内容,我们可以从斯基皮奥(Scipionen)的墓志中有所了解。作为例子,这里只介绍了致 L. Cornelius Scipio Barbatus, cos. 298, censor 290(*CIL* I 6 – 7 = Dessau 1)的墓志。① 石棺上的碑文采用古罗马六扬格:

Cornelius Lucius Scipio Barbatus / Gnaivod patre prognatus fortis vir sapiensque/quoius forma virtutei parisuma fuit / consol censor aidilis quei fuit apud vos / Tausarasia Cisauna Samnio cepit / subigit omne Loucanam opsidesque abdoucit.

科尔涅利乌斯·卢奇乌斯·斯基皮奥·巴尔巴图斯,其父格纳乌斯;斯基皮奥勇敢与智慧并存,美貌与德性并重,曾任你们的执政官、监察官和市政官。他俘获了塔乌拉西阿、奇撒乌

---

① 蒙森(见 *CIL* 出处)认为,碑文"也许是在汉尼拔战役"后刻上的。西庇阿的家墓似乎在这个时间左右改建。在致巴尔巴图斯(Scipio Barbatus)的碑文中还能辨认出另外一份碑文,人们就此猜测,巴尔巴图斯的全部肢体被迁葬了。字体表明是出自汉尼拔战争时期,而碑文本身可能年代要久远些。由此产生了一系列的语言问题,这里无法详加阐释。Till 估计(见 R. Till, *Festschrift für Kar Vretscha*[《致 Karl Vrestka 的纪念文集》], Heidelberg, 1970, 页 277),这份碑文撰写的时间仅比较早的那份(*CIL* 8 – 9 = Dessau 2 – 3)晚一些,是写给巴尔巴图斯的儿子的(cos. 页 259)。

纳、山尼乌斯;他征服过全部卢坎尼亚人,救走了人质。

fortis[勇敢] – sapiens[智慧]和forma[美貌] – virtus[德性]准确地体现了人的两种性格极点:勇敢与智慧并存,美貌与德性同在。

对于没有特殊光荣业绩可引证的人,人们就用如下碑文进行赞美(*CIL* I 10 = Dessau 4):

> ⋯mors perficit tua ut essent omnia brevia, honos fama virtusque gloria atque ingenium, quibus sei in longa licuiset tibe utier vita, facile facteis superases gloriam maiorum.
>
> 天妒英才,你的一切都打了折:荣誉、名声、美德、光彩以及天赋。倘若你长命百岁,你的成就便可轻易超越先辈的荣耀

当然,这不是葬礼悼词。但是,由于材料的缺乏,我们不能推断出这一赞颂的主要特点。典型的是"曾任你们的执政官、监察官和市政官"(consol, censor, aidilis quei fuit apud vos):这是致罗马市民的讲话,人们可以想象,不仅墓碑上可以如此表达,而且是一个真正的发言者在作葬礼悼词。

从老普林尼的《自然志》(卷七,139以下)还可以更清楚地了解葬礼悼词。老普林尼复述了一份非常有趣且重要的悼词。此悼词是公元前221年梅特路斯所作,同时也是第一份真正的罗马人葬礼悼词,虽然是间接引用,但是原文能够流传于世,同样对罗马文学史具有重要意义。这份葬礼悼词引起普林尼的特别关注,他阅读了悼文。

> 梅特路斯在以书面形式遗留的悼词中声称……他的父亲将十大最优秀、最高贵的德性集于一身,而智者倾其一生才能获取这些财富。他的父亲想做一流的战士、最优秀的修辞家、最勇敢的统帅,并为梦想而努力,在他父亲的领导下协商了最重要的事情;他的父亲追求最好的名誉职位,追求深刻的智慧,追求元老院的首席职位,致力于以光明正大的方式获取金钱;他的父亲一生子女众多,是城邦最有名望的人。他的父亲,而不是其他任何人,自罗马建成以来第一个获得了这一切。

这是一份罗马德性和成就的清单。从碑文上我们也获悉:狄奥尼索斯(卷三,66,4)也记下了梅特路斯的父亲最有名的行为,即从燃烧的维斯塔(Vesta)神庙中救出了雅典娜智慧女神像,在碑文中人们也能读到关于此事的描述。

有些颂词即使没有篡改,也肯定有添枝加叶的成分,必要之处还被美化了。在家族档案中保存的颂词并非未做文饰的资料来源,但是它们在很大程度上是唯一的来源。这就是人们常常抱怨早期罗马历史不可信的原因之一。不过,人们不应当指责墓前悼词不可信,因为它们是出于其他目的而作。尽管几乎没有一个人将陈列祖先雕像的长廊据为己有,但墓前悼词也并非最好的见证。

这里谈到斯基皮奥的碑文,从而涉及一个可能对罗马演说术的产生和发展都有影响的领域。不过,谨防对此作过高的评价。这里所指的是荣誉碑文,墓志也许仅仅是其中的一个分支。为活着的人树碑立传这种做法或许来自希腊。而没有东方的荣誉碑文作为榜样,人们无法想象希腊会产生许多冗长的荣誉碑文,而简短、只描述事实的碑文可能原本就有。荣誉碑文的数量越来越大,原因不仅仅仅在于我们后来有了更多的发掘物。但在这一方面,罗马人显然远没有希腊人那样的贡献。希腊人受东方小亚细亚邻居的激发,后者作为被征服者或依赖者,他们有理由将所有可能的当权者当成行善者来赞颂。

除葬礼悼词外,罗马演说术的另一个根基是议事演说。法庭演说与希腊的情况有很大差别,但与议事演说不同,[法庭演说]的意义相对来说微乎其微。与罗马的最高法官相比,阿提卡的人民法官更容易受修辞术"谐剧"的影响。典型的是,当刑事陪审法庭出现时,①法庭演说正好兴盛起来。我们所了解的罗马法庭演说主要出现在政治程序中。陪审法官也参与政治,他们在政治上发挥作用,有党派性质。不过,人们可以想到,这些机构并不古老,它们主要是特别军事法庭,而不像在雅典那样是民事法庭。不管人们多么依赖即兴发言,事实都表明,就是西塞罗也要修改他的法庭演说。演说者自然会预先准备自己能预料到的东西。但是,演说者几乎不可能

---

① 刑事法庭何时、怎样被引进,这个问题仍存在争议。肯定的是,它出现得相对较晚,而此时演讲术已经得到完善,并发展出了修辞学的蛊惑术。罗马的法院体系从未真正地民主化。人们不再认为演讲是煽动性的、传统的,这主要是蒙森创立的观点,只有认识到这一点,在此阐明的有关罗马法院体系对修辞学意义微乎其微的观点才可真正被认为可信。详述原因在这里并不必要,也不可能。不过,煽动并非依照古罗马行政程序而被使用,而是煽动权只具有政治特性,这已得到证实。其意义在于,将古罗马高级行政强制权从政治斗争中分开。刑事审讯则未受影响。著名的法律,公元前 300 年的瓦勒里法(lex Valeria)和波尔其亚(Porcisch)法,并未给煽动权提供根据,而仅仅保护公民免受死刑和鞭笞,首先是在城区内施行,随后在省内,最后在全国范围内。只有这样,恺撒著名的反喀提林提案(其中根本谈不上煽动)才有意义!蒙森将煽动放在罗马最高行政的刑事诉讼和判决执行之间,只有公众集会才主管政治犯罪行为,这一点是很清楚的,为此在公元前 2 世纪采用的特别法庭这种方式同样不服从煽动权。

在法庭上充分发挥自己的水平,而在议事演说以及在元老院和群众集会演说中,即在不加掩饰的政治演说中,却能充分施展自己的演说才能。

罗马人最古老的、最清楚易懂的议事演说是凯库斯(APP. Claudius Caecus)的反皮洛士(Pyrrhus)和平演说。

较早的罗马演说稿残篇由 Henrica Malcovati 收集并加以注释。迈耶尔(H. Meyer)的文集较旧,但包含罗马文学的整个时期。哈尔姆(Halm)编辑出版的教材,书名是《小拉丁修辞教师》(*Rhetores Latini minores*),没有包括那些"大人物",如西塞罗、《赫仁尼乌斯修辞术》、昆体良。

当然,最早的罗马政治家并非真正意义上的演说家。首先,他们自己并不这样认为。我们现在所有的第一批拉丁语演说稿,应该理解为是古罗马高级行政官职责的一部分,是在向元老院和民众报告信息,或劝告采取措施,或警戒。

此处不便谈演说家(orator)这个词的语源学。不过,必须说明的是:一直到近代都有效的古希腊罗马语源学,把演说家和与属于同一整体的演说(orare)与 os、oris[口、嘴]相对应(参见瓦罗,1.1 VI 76)。不过,现代学术认为这是一个所谓的民族词源学。orare 并非名词词根 os、or - 的派生,而更可能源自一个动词词根,属于这一类的还有希腊语 ἀράομαι、ἀρά。orator 是一个由动词派生的名词,带有明显的后缀 -tor,这个后缀语法上表示一个人或一件事的整体或持久的特征,亦即特殊的东西,而不是 is、qui……(相当于英文的 he who…)。至少自李维开始,这个后缀也用于表示罕见的特别突出的行为。动词 orare 在普劳图斯时就差不多开始表示"请求"的意义。"讲话"的意义在古拉丁语中仅出现在法律用语的套话中。而在较高层次的文献中,演说这个词一直就有"讲话"的意义,不仅是在已成为惯例的法律程序的表达中。事实是:如同动名词 oratio 意为"演说",那么 orator 就是"演说者",而且指任何一个演说者,不仅是职业的演说者和其他通常从事相关工作的人。后缀 - tor 具有的意义并不适合 orator 这个词。所有的证据表明,orator 既不特指一个专业的演说者,也不表示一个特别优秀的修辞家,而是指一个正在讲话的人,即一个在公众面前言语得当的人。

如上文所说,我们了解较多的第一份罗马演说是凯库斯反皮洛士和平演说。在西塞罗时期还能读到这份讲稿,他的著作《大卡图》(*Cato maior*)第 16 章有提及。

但是,判断早期罗马演说稿的真实性颇为困难。我们不能忘记,练习虚构的演说或写讲稿样本都属于修辞术课程。如我们所知,高尔吉亚就写过《海伦颂》和《帕拉墨得斯》两份讲稿。同样不能忘记,纪事家们习惯插入直接引语,假如演说者自己特别注意到,这些演说会被记录下来。出版人 Malcovati 就怀疑,西塞罗手里的凯库斯演说稿到底是真正的原件还是后来的出版物。

不过,老卡图可以让我们放心。我们知道有一件对罗马文学史至关重要的事实,即公元前 221 年的致梅特路斯的葬礼悼词。倘若打算将划时代的年份——公元前 240 年希腊戏剧在罗马的舞台上演出——以及对将李维看作罗马文学史的开端(因为舞台演出和《奥德赛》的翻译都只是"转化")有所保留,倘若认为葬礼悼词这一体裁没多少文学意义,倘若不把我们可以想见的罗马人的第一份议事演说(公元前 280 年或前 279 年凯库斯反皮洛士的演说)——这份演说因为传本而不可靠,并且不是以实录为目的而编写——当作罗马文学史的真正开端,那么,就不得不将老卡图看作罗马文学史上划时代的人物。老卡图在公元前184年担任监察官,后来成为执政官。执政官是其一长串罗马职业生涯的最后一个职位。公元前234年,卡图生于图斯库卢姆(Tusculum),当过皇帝的骑兵卫队长官,在西西里和非洲当过斯基皮奥的高级财政官员,在撒丁岛(Sardinien)当过最高法官,在西班牙当过最高行政长官。最后,他在抵制东方的安提奥卡斯(Antiochos)的战斗中当过军团指挥官。公元前191年,卡图和他的军团在温泉关战役中起了决定性的作用。在其职业生涯中,卡图总是尝试新的东西,西塞罗从中找到了自己的榜样。卡图意欲尽快将公元前155年的雅典公使团(由亚里士多德派成员克里托拉奥斯[Kritolaos]、大学者卡尼德斯[Karneades]、廊下派成员第欧根尼[Diogenes]组成的绝妙组合)赶出罗马(关于这个公使团,见格利乌斯,VI 14,8)。卡图究竟在多大程度上参与了公元前161年臭名昭著的对修辞家和哲人的驱逐,以及另一次对伊壁鸠鲁派哲人(也许就在公元前155年公使团之后)的驱逐,我们不得而知。但是,我们猜测,他是元老院里起推动作用的人物之一,这不会错。卡图做出一副蔑视所有希腊东西的样子。但据说,他在年老时还学过希腊语,声称是为了能更好地与希腊人作斗争。①

如今,人们仍有这种印象,卡图是"丑陋的罗马人",他将罗马

---

① 不过,人们肯定会怀疑这个美好的传说——卡图在年老时才学希腊语——是否真实,正如在西塞罗(《卡图》1.3;8.26)、普鲁塔克(《卡图》2)、马克西穆斯(Valerius Maximus)(卷八,7.1)、昆体良(卷十二,11.23)处读到的那样。不过,其中普鲁塔克的证据不充分,因为,卡图在希腊语教育上是个"晚学者"(ὀψιμαθής),这句话有可能是真的,因为他大约30岁左右开始学习希腊语。从一个类似的说明推断出,他在"年老"时才学希腊语,这也是可能的。总之,这四个证据并非相互独立:马克西穆斯的一个重要的依据——也许是最重要的——就是西塞罗。[尽管在个别地方有分歧,研究者们在可能的(转下页)

卑鄙的特征集于一身。克林格尔(Friedrich Klingner)《执政官卡图和罗马的危机》("Cato Censorius und die Krisis Roms",见其文集《罗马的精神世界》[*Römische Geisteswelt*])一文中总结为：

> [卡图]是个呆板、笨拙、顽固、不顺从、诡计多端、阴森、粗暴、无教养之人，他反复无常、总有尚待解决的问题。他蓝眼睛红头发，他的同乡都对他表示敬畏。这个人像条喜欢咬人的狗，袭击每个人，假如他死了，**珀耳塞福涅**(Persephone)也不愿接纳他到阴间……他是个狂热者，说实在的，是个好争吵的人，其性格掺杂了一部分恶毒的品性，他对人的仇视远远闻名于他对人的友谊，他总是与同时代的当权者龃龉不断……他挫败了某些人，甚至推翻了伟大的斯基皮奥——汉尼拔的征服者——并将其驱逐。这样一个人，在他身上流淌着的意大利血液，原始、野蛮、令人畏惧。

如果考证卡图的生平，关于野蛮卡图的文章就该如此结束。虽

(接上页)中间环节上还是达成了一致。参 A. Klotz, Sitz – Ber. Ak. München, 1942, 页 5; R. Helm, *RE* VIII A 98, Rhein. Mus. 89, 1940, 页 241 以下的讨论。]昆体良最了解西塞罗，这不需要任何证据。普鲁塔克在撰写他的《希腊罗马名人对比列传》时使用了罗马人的资料来源作为基础，在这一点上人们也达成了一致。这个传说有可能早已存在，最终可能追溯到一个唯一且无法确定的出处。此外，此类故事几乎都来自虚构。这个想吃透希腊文化的人一定会希腊语，他的著作向所有人清楚地表明了这点，没有希腊语知识是不可能写出这些著作的：卡图在《史源》(*Origines*)中向希腊人重述了罗马史前史(参见 W. Eisenhut im Kl. Pauly s. v. Aineias mit Lit.)，即使在《农业志》(*De agricultura*)中，他关于希腊语的知识也很明显(参见 P. Reuther, *De Catonis de agricultura libri vestigiis apud Graecos*, Diss. Leipzig, 1903)。还有什么比说他年老时仍在学习更合适呢？

然卡图性格中那些令人厌恶的特征——如吝啬、毫不妥协——不应当被粉饰,但是,意大利原初农民的本性,与接受希腊教育、属于斯基皮奥那种类型的罗马学者相碰撞产生的能量,必定会在他身上释放,且很容易使晚辈感到惊恐,尤其是因为像斯基皮奥一样的人让历史站在了他们那一边。不过,所有这些并没有正确地评价卡图。卡图作为令同时代人厌烦的人,他不关心英雄崇拜。在其历史著作中,他见证了罗马权力的影响,因此他没有注明官员的名字,而仅是指出他们的官衔。他肯定是个"反复无常、满腹狐疑"的人,是个矛盾综合体!人们肯定无法用古典主义的标准衡量他。这个时候,像斯基皮奥一样的人认为,罗马可以允许加强希腊文化的输入,而卡图并不持有这种看法。也许,东方的生活观念令他震惊,这些观念完全与罗马思想相对立,尤其是对迦太基的恐惧让他发狂,这种恐惧也许是病态的,但也许并非不合理。①

另一方面,卡图在西塞罗的《老卡图:论老年》(*Cato de senectute*)中(有些许被美化,或者没有)以一个有教养、有智慧的形象出现,充满希腊的特质,总之,是一个西塞罗自己都想实现的梦想:罗马的国务活动家和富于哲思的智者。这在同时代的人看来绝不显得奇怪,至少对西塞罗自己而言是如此。不过,同类型的《莱伊利乌斯:论友谊》(*Laelius de amicitia*)对莱伊利乌斯显然有种特殊的恭

---

① 著名的"我认为迦太基必须毁灭"(ceterum censeo Carthaginem esse delendam)这种表述形式并不是古典的,即使涉及的事情本身不成问题。卡图的每次讲话都附上了对迦太基的警告,可能击中了要害。普鲁塔克在《老卡图》(27)中用的是:δοκεῖ δέ μοι καὶ Καρχηδόνα μὴ εἶναι(依我看,迦太基不应存在)。人们已经知道,这个翻译是非古典的。现在,由类语辞典文章得知,censere(认为)和不定式的 esse(to be)从未一起出现(这总是"缺少")。头韵法说明,至少前三个词是正确的。

维。我们不要忘记,卡图仇视盛气凌人的权贵,权贵也恨他。卡图对罗马元老院任用这些人感到气愤。他们同样太健忘,没有罗马的权势他们什么都不是。卡图请来恩尼乌斯(Ennius),他本人还从事希腊学研究,支持罗德岛抵制掠夺成性、渴望复仇的暴徒。

卡图不得不演说,这不言而喻。他不仅发表议事演说,也发表诉讼演说。他甘愿充当严格的旧道德的维护者,没有谁在他犀利的言辞和谴责前不感到汗颜。他的死对头是罗马显贵承认的头领——斯基皮奥。正如卡图喜欢指控别人,别人也如此指控他。他被指控44次,但没有一次受到处罚。每一次,卡图都是自己的辩护者。

在其如今已亡佚的主要著作《史源》中,卡图加入了一系列他自己的演说,当然经过了加工。他自己还出版了一本演说文集。

西塞罗声称了解卡图的150份演说(《布鲁图斯》17,65),这个数字颇为可观。与此相比,我们尚能收集到的几页残篇真是少得可怜。我们甚至不能说出所有的标题:只收集到80个标题,其中有些还是别人的。

卡图编撰了第一部拉丁语百科全书,最初是为他儿子而写,因此叫作《致儿子马尔库斯》(*Ad Marcum filium*)。在此书中,卡图的论述涉及不同领域。其中有关演说术的段落,可看作是第一本拉丁语修辞术教材,可惜已经失传,该书中的修辞术完全秉承罗马精神。但是,假如卡图认为他完全没有受到希腊精神的影响,那是自欺欺人。卡图的修辞术著作都要求"紧扣主题,文辞潮涌"(rem tene, verba sequentur)。这是卡图的理想,与此相反的是西塞罗的"智慧的演说家"(orator sapiens,《论演说家》卷一,83)。卡图对哲学不感兴趣,他认为哲学对青年人有害,因而在百科全书中未提及。该百科全书没有保存下来,比它更重要、更有影响力(见下文 Martianus Capella)的伟大学者瓦罗的百科全书同样如此,两部著作的命运如出一辙。(本文随后将说明,第一部保存下来的拉丁语修辞术著作是《赫仁尼乌斯修辞术》,大概与西塞罗的《论立意》属于同一时期。)

卡图最令人难忘的演说——此篇演说保存了大量片段——是《为罗德岛人一辩》(*Pro Rhodiensibus*)。它从另一个方面向我们展示了老卡图这个仇恨迦太基之人:他想让罗德岛人得到宽恕。但是,他的理由颇具卡图特色,我们从他的著作中看不到人性和宽容,只听见他作为国务活动家所做的发言。总之,他所有的演说及著作都表明,他是个旧式的罗马国务活动家,有根深蒂固的农民特色。卡图有理由为此感到骄傲。

处于凯库斯和卡图之间的演说家除了西塞罗外,还有许多有才干的人。其中有这样一些人:大小斯基皮奥(Scipio Africanus maior und minor)、提贝路斯(Tiberus)和格拉库斯(Gaius Gracchus)、卡尔波(Papirius Carbo)、图贝罗(Q. Aelius Tubero)、皮索(Calpurnius Piso)、科特塔(C. Aurelius Cotta),以及很多其他人。不过,其中的儒福斯(M. Antonius Rufus)和克拉苏斯(L. Licinius Crassus),被西塞罗称赞为自己之前最杰出的演说家,而且在随后的时代也保持了他们的声望。最后,应当提到西塞罗同时代的最重要的演说家——霍尔滕西乌斯(Q. Hortensius Hortalus,公元前 114—前 50)。所有这些人以及其他我们并不知晓的许多人都曾是国务活动家,并非职业演说家。他们演说并不是因为修辞术的缘故,而是为城邦而演说。当演说失去了现实意义,人们就失去了保留它们的兴趣。因而出现这样的情况:演说文献的保存情况不如共和国时期其他文献的保存情况那么好。

首先,必须提到伟大的政治人物和修辞家格拉库斯。他自己出版了他的讲稿,因而他的演说稿比其他人保留得更多。但是,他这样做不是为了流芳后世——如卡图那样,而是为了他的党人。格拉库斯在演说术的各个领域都被誉为水平最高的人,以至其政敌都不得不认可他的水平。比如,西塞罗在《布鲁图斯》125 和 333 以及《论占卜者的回应》(*De haruspicum responsis*)41 中,理所当然地只称赞他为演说家。这清楚地表明在当时擅长修辞术的重要性。鲜为人知的是,格拉库斯还精于吹奏笛子,能够用 φωνασκικὸν ὄργανον[定调子的笛子]定音(fistula quam τονάριον vocant[希腊文称为 τονάριον 的牧羊笛],昆体良 I.10.27)。以往和现在一样,人们都将此种人看作革命者!格拉库斯企图影响的群众——或者用现在人们习惯的说法——他企图操纵的群众,不必人人都具有革命思想。或者,人们也可以这样说,格拉库斯——历史上最伟大和最理智的革命者之一(他被谋杀及他的著作未能完成,应当不影响这个判断)——察觉到:也许在一小部分"精英"那里,革命的热情需要通过智力点燃,就像他的哥哥那样,而在大众那里却不能不通过诱惑来激发。不过,这个观点不是格拉库斯的发明。在古代,介于说话和歌唱之间的必定是热情洋溢的演说。诺尔顿(I.56)使人们注意到:柏拉图将修辞术课程和音乐课程合而为一,认为这样做理所当然;德摩斯忒涅和埃斯基涅斯相互指责对方通过魅惑性的声音引诱听众。在此也应提到,悦耳的词语和句子——韵律化不是为了本身的缘故,而是为了音调——属于演说术的音乐元素。

如格拉库斯一样,其他国务活动家和政治家也不可能对演说的影响力无动于衷。正如人们不能忽视希腊演说术历史上的伯利克勒斯（Perikles）或德摩斯忒涅，人们也不可能忽视罗马演说术历史上的卡图或格拉库斯。但因为缺乏传本，人们还不能直接对绝大部分国务活动家的修辞术成就作出评价。在罗马，演说术得到了实践家的大力促进，而不是从理论家那里得到帮助。

当然，由于城邦和社会方面的原因，罗马从不缺少演说者。格拉库斯时代在政治上形成了一个转折，但不是在文学史上。人们之所以习惯将它刻画成一个转折点，仅仅在于我们对此时了解相对更多一些，而对后来的演说者却只能列出名字。而这些人又因为其他政治家的成就而载入历史。假如我们还了解西塞罗年轻时期的库里奥（C. Scribonius Curio）有名的演说，或者儒福斯、科特塔（二者都生于公元前124年）的演说，而不是仅仅依赖西塞罗在《论演说家》（卷三，8.31；参见《布鲁图斯》55、201以下）中以比较的方式刻画的他们的性格特征，也许会更有趣。那样的话，我们就有可能更准确、更详细地考订西塞罗时期——尤其是西塞罗自己——在演说术方面的发展。令人沮丧的是，我们缺少公元前2—1世纪的文献资料。我们遗失了修辞术上如此详细的资料，比如有关三个库里奥的资料：老库里奥、他的儿子和孙子。我们也不得不忽略后来的古风学者所做的发现。我们自以为，倘若我们能弄到几个词语和句法结构，我们就知道古风学者的典范，这些词语和句法结构也在柏拉图、泰伦斯或者卡图那里出现过，而在泰伦斯和卡图之间的那些对古风学者更重要的文学家，我们却知之甚少。兴许可以这样猜测：古风学者正好发掘了戏剧家而不是散文家；弗隆托（Fronto）的演说以普劳图斯为准则，也许更可能以卡图或者因以朱古达战争而闻名的梅特路斯（Q. Caecilius Metellus Numidica）为准；格利乌斯还能读到梅特路斯的演说。

上文已提到两个名字,在此需简要描述这两人的特征,原因在于他们受到最伟大的罗马演说家西塞罗的敬重,他们是儒福斯和克拉苏斯。由此我们又进入了学校修辞术领域,因为他们不仅是演说者,而且也是演说术教师。尽管安托尼乌斯(即儒福斯)本人生前没有发表什么作品(因为他认为朗诵和姿势非常重要,按照他的观点,书面演说稿必定会把差不多最重要的东西删去),但是他仍然有一本未完成的著作《论言说的方法》(De ratione dicendi)出版,即使这违背他的意愿。据说,儒福斯声称,他之所以不发表任何东西,是因为他肯定,在另外的时机和为了另外的目的,有时候说的东西会与以前不同,没有留下书面的东西,人们就不可能证明他前后矛盾。此言论证明他是个真正的演说者、律师:他知道,律师应当为他的当事人获取权益,或者说,政治家——在不同的时候有不同的目的——不可能总是保持同样的立场,这是一条准则,但像西塞罗和克拉苏斯这样的人可能会出于伦理的缘由而断然拒绝该准则,尽管他们显然有时候不得不依据理论上被拒绝的准则行事。在针对西塞罗的(Ps.-)撒路斯特诽谤中,人们还能查阅到一些相关材料,尽管它们只列出了表面上最明显的矛盾。这些矛盾体现在如下指责中(4.7):"你站着时的政治观点与你坐着时的两样。"(还未找到变卦的比喻。)

修辞术上转而反对希腊的运动发生在公元前 1 世纪 90 年代。西塞罗评价极高的其中一位演说家——安托尼乌斯,被认为是这一运动的一员,尽管他在普罗提乌斯(Plotius Gallus,见下文)之前登上演说家舞台。安托尼乌斯对希腊教育并非一无所知,但是他装作自己什么都不懂。相反,克拉苏斯虽然不隐藏他的希腊学知识,但也没有明显地表现出来。西塞罗(参《论演说家》卷一,1.4)如此正确

地评价:

> 不过,这一点在两者身上都存在。克拉苏斯不是很想装模作样,他不从事研究,是因为蔑视它,在任何方面,比起希腊人的明智,他更喜欢我们同胞的判断力。相反,安托尼乌斯认为,假如人们认为他根本就没有从事研究,他的演说在这个民族中会得到更多赞同。

此外,这两位演说者也常常被人们加以对比(最精确的比较是马可洛比乌斯[Macrobius,卷五,1.16];此外,参西塞罗《论演说家》卷一,20.93;《布鲁图斯》39.144;57.207)。

本文将立即论及用拉丁语演说的修辞家,后来的普罗提乌斯也对此作了研究,这首先不只是普及拉丁语的事情。安托尼乌斯是古罗马贵族,他被圣母玛利亚的信徒谋杀。人们也可能像安托尼乌斯那样有教养,并使拉丁语修辞术脱离希腊修辞术的主导地位变得更加独立。不管人们可能会何等保守,不管人们可能会何等偏爱拉丁语,公元前92年,克拉苏斯作为罗马监察官还是颁布了反对革新"拉丁语修辞术"的赦令。

霍尔滕西乌斯也是我们不可忘记的一位人物。他生于公元前114年,比上述两位演说家年轻十岁。他被认为是西塞罗之前罗马最重要的演说家。在公元前70年对维勒斯(Verres)的控告中,他是西塞罗的反对者。这是一场重要的政治诉讼。尽管西塞罗当时已是西西里的高级财政官,但那时他还刚刚发迹,正因为如此才适合于这个诉讼。西塞罗的外交手腕虽然使自己以新手的身份谴责罗马显贵的堕落和诡计,但同时也使自己不是以普通人而是作为贵族阶层的支持者登场。最终,西塞罗仅作了所谓的《蜥蜴预言》(*Divinatio in Caecilium*),为自己更好的起诉书说明理由——西塞罗不仅以政治强人的身份崭露头角,而且因为战胜了昆图斯(Quintus),由此被认为是罗马最杰出的修辞家。尽管如此,西塞罗和昆图斯的关系也并未因此受影响,这大概应归因于昆图斯高尚、宽容的为人之道。他们在许多诉讼中共同进行辩护,比如公元前62年为穆雷纳(Murena)辩护,同年为苏拉(Sulla)辩护,公元前57年为塞斯提(Sestio)辩护。

罗马修辞术的理论基础不仅来源于希腊修辞术,而且用希腊语编写。第一位成功地尝试纯粹用拉丁语教授修辞术的修辞教师是普罗提乌斯。他坚决反对希腊语教育。这种始于普罗提乌斯的抵制,归根结底有其社会和政治背景。他(据西塞罗为诗人阿尔奇乌斯[Archia poeta]的辩护20)是不懂希腊语、反对希腊语的马里乌斯(Marius)的朋友,这是原因之一,此外,尤其是因为西塞罗的《论演说家》(卷三,24.92以下)证明,克拉苏斯说,应当是拉丁语修辞术教师登场的时候了,他作为监察官通过发布赦令使他们停止了为非作歹。尽管那道赦令并非长期措施,但是仍然产生了影响:西塞罗为终究未能听到这些人演说而感到遗憾。这道赦令决非针对修辞术,相反,赦令的发起者——贵族们——确信这有利于青年教育和修辞术本身。贵族们终归怀疑所有新鲜事物。贵族们必须在那些同情马里乌斯的人中找到反对者。假如贵族们知道,这些人和没有教养的马里乌斯一样反对希腊语,那么政治关联对他们才是重要的。有人说,贵族们看到,自己的特权地位受到威胁,因为教育是有钱人的特权,只有贵族们供养得起希腊语教师,而现在突然出现的这个人将拉丁语纳入到了教育大纲里。不过,责任仅在于贵族吗?

难道那些拉丁语修辞家没有给自己的学说增添政治色彩？原因何在？有哪些影响？假如马里乌斯（见西塞罗为老师阿尔奇乌斯的罗马户籍的辩护，20）能事先知道普罗提乌斯是自己行为的先行者，他会公开提到这一点吗？我们了解普罗提乌斯的文学影响，他编写过一本《论姿势》(De gestu)的理论著作，不过没保存下来，他还为别人编写过法庭演说。

拉丁语修辞家学派尝试使拉丁语修辞术独立于希腊语修辞术，倘若这一尝试成功，确实会具有异乎寻常的意义。

第一本保存下来的用拉丁语编写的修辞术著作即《赫仁尼乌斯修辞术》，对于它的作者我们一无所知。这本著作长期以来被归入西塞罗的著作中，这可能有利于它的保存。赫仁尼乌斯在书中列举的例子，促使人们猜测他是人民党的一员。与普罗提乌斯不同，赫仁尼乌斯认同希腊修辞术。该书中的修辞术讲究适用、单调，其特征是规则简明扼要。

西塞罗年轻时期的著作《论立意》却迥然不同。《赫仁尼乌斯修辞术》单调地列举、系统化地描述，无涉旁枝末节的内容，西塞罗却尝试以喜闻乐见的方式且富有吸引力地撰写著作，并在书中阐述了自己的哲学思想和历史见解。著作的开头部分就颇具特色：《赫仁尼乌斯修辞术》只是简短地讲述了写作动机（题词），然后立即言归正传，西塞罗则首先极其详细地论述了如下问题：演说术是否会给人们带来好处。（结论是，智慧离开了演说无济于事，演说离开了智慧有弊无利。因而，智慧和演说联合才是上上之策。）西塞罗竭力用生动的描述使规则显得不那么干巴巴，虽然后来他对这种写作技术的掌握炉火纯青，可在他写作此书时，这超出了他的能力。或者更确切地说，相比西塞罗的意愿和能力，他还需付出和投入更多的时间和精力历练自己。后来,西塞罗自己也意识到,自己并没有为人们提供最优秀的著作,他以年轻和没有经验为由请求原谅。因为著作主要讲述的是演说材料,即寻找论证理由,所以《论立意》这个书名——这本著作往往以这个题目被引用——虽然与内容十分契合,但肯定并非西塞罗自己的命名,甚至几乎不是古代性质的名称。尽管有缺陷,但这本著作仍然经常被使用。除富有吸引力的描述之外,人们尤其看重该著作的地方,似乎还有使用方便的有关争议理论的论述。该著作中原本思想上的缺陷,综观全书却成为其长处:正如西塞罗在第二卷前言中说的,他从所有演说技艺中挑选出了最好的。

相比这本青年时期的著作,西塞罗修辞术方面的其他主要著作晚了四分之一个世纪甚至 30—35 年,在他成为政治家和杰出的演说家之后才问世。

西塞罗主要的修辞术著作是《论演说家》。这并非一本系统的教材,正因如此才使其更具有可读性,这又恰好是此书的弱点。其中的主导思想混杂,他尝试制订实际规则来论证何为有教养的理想演说家——在那时属于有哲学思想的演说家,然而其表述并非总是那么成功。不过,西塞罗想两全其美,这当然可以理解,他不可能预料到,他还会再次甚至多次提到修辞术。当一个技法得到清楚论述时,人们便会乐于接受,尽管它的规则并非演绎得那么有逻辑。这在一本具有高深哲学思想的书中却不那么令人接受。显然,除了保证那些规则被富有成效地运用过外,西塞罗也没能将那些几百年间形成的规则用另一种方式加以论证。

《论演说家》以对话体写就,而且是以亚里士多德的对话形式,亦即参与者在连贯的段落中发言。时间虚构为公元前 91 年。西塞罗说,他从一位比他年轻的参与者那里获悉这次对话。他将对话分配到两天,便于让第一天的参与者退场而让其他人出场,却并未考虑著作内容的完整性。

在卷一,克拉苏斯提出下述命题并为之辩护,即演说是一门科学和技艺,演说家需要掌握哲学、城邦和法律等方面全面的专业知识。相反,安托尼乌斯断言,演说家完全不需要掌握哲学和其他诸如城邦法和民法等方面的知识,只需掌握通常情况所需的知识。卷一最后论及希腊修辞术时出现如下争论,即修辞术是一门科学($\dot{\epsilon}\pi\iota\sigma\tau\eta\mu\eta$)还是技艺($\tau\acute{\epsilon}\chi\nu\eta$)。在卷二,安托尼乌斯对演说家这一职业作了几条一般性的评论,并确定有三种形式的演说活动(诉讼体、议事体、颂扬体[genus iudiciale, deliberativum, laudativum]),随后阐明了有关取材(inventio)的理论。有关诙谐的研究他未作论述,而是让在这方面有名的斯特拉波(Caesar Strabo)对此加以评述。随后,安托尼乌斯论述了有关开场白(exordium)、陈述(narratio)、提议(propositio)、论证(confirmatio)、结尾(peroratio)所规定的理论和有关记忆(memoria)的理论。在卷三,克拉苏斯首先评论了各学科的紧密联系,科学和艺术的所有分科都位列其中,并特别强调,只存在唯一一种演说。然后,克拉苏斯阐述了语言描述理论,尤其是关于修饰和美化。语言的正确性和明晰性是前提条件。最后,他论述了实际演说(actio)。

每一位演说家都论述自己认为至关重要的东西。但是,在一般的探讨中,尤其是在阐述中,演说家必须是个知识渊博之士。可以清楚看到,在理想化的克拉苏斯身上,西塞罗描绘了他的理想和他自己的画像。

关于资料来源的问题,人们几乎不可能做出明确判断。总体上看,《论演说家》比《论立意》在思想上更成熟些。《论立意》是年轻时的著作,而《论演说家》是他 55 岁时的著述。毋庸置疑的是,西塞罗的重要性不仅在于他是一名修辞术作者,他为修辞术作了很多贡献,尤其是为演说的思想论证。西塞罗从他的老师安提奥科斯(Antiochos von Askalon)那里继承了最多思想理念,此人现在被认为是西塞罗思想的主要来源,这种说法也有可能正确。(安提奥科斯表明,学园的、亚里士多德学派的和廊下派的观点在根本上是一致的,安提奥科斯企图由此越过不同的哲学体系。①[众所周知,一切理论都可能以苏格拉底为依据。]这就开阔了学生的眼界,使其不以某一个学派的学说作为唯一依据。)

修辞术体系的再度建立并非因为《论演说家》这本著作。该著作有其更高的目标。修辞术体系的重建基础是《演说术的划分》(*Partitiones oratoriae*),这本书大概比《论演说家》晚一年,是西塞罗在公元前 54 年为他的儿子和侄子而写。这本著作也是对话体。众所周知,在古希腊和罗马时期的课堂教学中,对话起着很重要的作用,而且,对话富有教育意义,并非对真实讨论的实录。《演说术的划分》包含以下几个方面:1. 演说者的能力(vis oratoris = officia oratoris[演说者的职责]);2. 演说者的角色(partes orationis);3. 问询(quaestiones),即有关题目和立意的理论。因为西塞罗未再谈到这本著作,所以很有可能这本书并未出版。该书只是部分地可看作一本独立的著作,非自成一体的作品。其遵循纯实用的目的,必要时,

---

① 安提奥科斯的智慧消解了不同哲学体系间的矛盾,这体现在如下论断:,虽然 $\mathit{ἀρετή}$(virtus,德性)比 $\mathit{εὐδαιμονία}$(vita beata,幸运)更有分量,但 vita beatissima[幸运]从外观上看也有胜过德性的长处。

如果手边没有更好的著作,不妨拿来使用。《论立意》的情况也如此,西塞罗在这本书里特别认同上述情况。书中的一个评论(40.139)指出,一本学术性的专业手册提供了依据。不过,相关的语句仅说明,依照西塞罗的观点,一切必须按照学院的精神来论述:演说术的所有部分都展示给你了,它们经由我们中期的学园派繁荣起来——没有学园派,我们无法发现、理解、运用它们(expositae tibi omnes sunt oratoriae partitiones, quae quidem e media illa nostra Academia effloruerunt neque sine ea aut inveniri aut intellegi aut tractari possunt)。

当西塞罗再次开始撰写修辞术著作时,差不多又过了十年。在这期间,他起草了《论共和国》,并曾担任 Kilikien 的最高行政长官。恺撒与贵族和庞培之间的内战爆发了,法萨卢斯(Pharsalos)战役失败,庞培丧命。西塞罗在公元前 47 年被恺撒赦免,但再次被排斥在政治之外。

这一时期,西塞罗的修辞术著作接踵而出。公元前 46 年出版了《布鲁图斯》。西塞罗本人就是书中主要的演说家,对话的时间即公元前 46 年。其中,西塞罗论述了修辞术的发展,一直到顶峰时期,即到他自己所在的这个时期。由此,他通过该著作纪事性地论证了理想的演说家,理想的演说家因而是逻辑发展的结果。西塞罗借此阐明,扭转历史的车轮是荒唐的,正如当时的阿提卡派只承认古人一样。这种对根基及生命基础的追求,很明确地源自西塞罗的演说术。此外,专制扼杀了演说术。但是,西塞罗的修辞术历史完全不同于一本令人振奋的、内容有趣的、确定的教材,因为我们惊异地发现不得不面对一长串名字,他们都拥有显赫的头衔,也许一切都合乎事实,也许只是大多数属实。西塞罗教导我们用他的眼光来看待罗马修辞术的历史,我们除了遵循他的教导之外几乎别无所见,因为缺乏相应的传本,我们几乎不可能检验他描述的内容。

西塞罗甚至着手以实践证明新阿提卡派误入歧途。公元前46年,他将德摩斯忒涅的荣誉演说和埃斯基涅斯的类似演说翻译成拉丁语,但按古代的习惯做法不是逐字翻译,如希罗尼穆斯(《书简》[*epist.*]57.5.2)所记录的那样。这个翻译和西塞罗其他翻译一样,所存无几。但是,我们还保存有西塞罗为此而撰写的引言,由此可推断出翻译的目的所在:西塞罗意在表明,德摩斯忒涅也属于阿提卡派(西塞罗糟糕地混淆了地理和风俗习惯),在他那里阿提卡的演说术得到充分的发展。引言现在的标题是《论最佳演说家》(*De optimo genere oratorum*)。目前尚未有令人信服的理由怀疑其真实性。

对于也许是新族群的新阿提卡派,罗马广场不再是世界的中心,这必定给西塞罗带来很大的麻烦,正如他后来事实上(参塔西佗《关于演说家的对话》)作为演说家典范并非无可争议那样。因此,同样在公元前46年,他在《演说家》中再次阐明了演说家的形象。此书仍然是题献给布鲁图斯的,意在使其脱离阿提卡派。优秀的演说家必须为各种复杂情况找到恰当的字眼,因此必须掌握所有文体。确保一个语句的第一部分毫无问题是正确的,但是第二部分或许就采用了错误的依据;人们也能用简单的语句来表达狂热的情感。

如同《演说术的划分》一样,《论题》(*Topica*,即 *Ad C. Trebatium Topica*)也是学院式修辞术的反映。几乎不能判断,框架分明的历史在何种程度上是文学虚构。有人断言,这本小册子写于西塞罗的一次海上旅行,许多人认为这是"托词"。即使西塞罗自己也认为,他只是复述了亚里士多德的《论题篇》(Τοπικά),然而,人们仍然认为《论题》可追溯到安提奥科斯。克罗尔(Kroll, *RE* VII A,1103)认为,西塞罗"肯定从未看过"亚里士多德的著作。桑茨(Schanz - Hosius, I. 469)则更加谨慎地认为:西塞罗确实在一次海上旅行中撰写了这本著作,但是他手上没有其他书可供参考,一切都是凭他自己的思考写出来的。该书研究的τόποι(loci,即论据的发现),按照已有方法分为技艺的说服和非技艺的说服(ἔντεχνοι und ἄτεχνοι πίστεις),即事情本身所有的论据和来自外部的论据。这与《论演说家》(卷二,163 - 173)一致。该书的附录论述争议理论(《论演说家》和《演说术的划分》也论及这一点)和其他一些内容,有可能属于修辞术的引论。

在公元前 44 年 7 月撰写的这部著作,是西塞罗最后的修辞术著作。所幸的是,人们不能将这一结构适当的论著称作西塞罗的绝笔之作。公元前 44 年,西塞罗撰写著作的时间排序并非想象得那么简单。《老卡图:论老年》肯定写于恺撒被谋杀之前。《论预言》(*De devinatione*)在恺撒死之前就差不多完成了(正如第二卷的序言所证实的)。《论命运》(*De fato*)应当作于恺撒死后不久。《莱伊利乌斯:论友谊》和《论题》同样可能完成于当年夏天。最后是《论义务》(*De officiis*)。随后仅创作了《反腓力辞》演说系列,第一篇作于公元前 44 年 9 月 2 日,最后一篇作于公元前 43 年 4 月 21 日。

在此,我们描述了罗马修辞术历史,一直到它的顶峰——西塞罗。西塞罗就是罗马修辞术的顶峰,在古代这一点确凿无疑,虽然昆体良肯定更系统些,较早时候的塞涅卡还提供了西塞罗所没有的真实样本。但是,没有人像西塞罗那样发挥如此大的影响,他是一个时代的辉煌终点,在这一时代,演说术尚能获得如此大的成功。

然而，到了帝制时代，修辞术不得不退回到学校。昆体良，约公元30年出生于西班牙的卡拉古里斯（Calagurris，现在的卡拉霍拉[Calahorra]），于公元95—100年间去世，是第一位由城邦发薪酬的修辞术教师。在其保存完整的十二卷本《善说术原理》中，他总结了到他那个时代为止的修辞术的成就。昆体良是西塞罗的追随者和崇拜者，但这并不妨碍他对修辞术的继续发展。昆体良自己也在法庭上演说，但是仅发表了其中一份演说辞，后来他也为此感到遗憾。其他演说稿根据速记出版，他本人对此并不认同。他的演说稿没有保留什么。尤其使人感到遗憾的是，违背作者的意愿、同样根据速记记录出版的两门课程的讲稿，同样失传了。否则，昆体良以及他那个时代的教学活动，会更加清晰地展现在我们眼前。他力求保持所取得的成就，并与修辞术的弊端作斗争。他在自己的著作《论演说术衰落的原因》（*De causis corruptae eloquentiae*）中，尝试分析了演说术衰落的原因。可惜，这本著作也佚失了。但是，我们可以通过不同的教材重构其基本思想：修辞术衰落的原因在于修辞学校夸夸其谈、毫无意义的题目，和矫揉造作、空洞乏味的文体。简言之，这一切与西塞罗背道而驰。倘若昆体良的这本著作是塔西佗《关于演说家的对话》的前驱，那么区别也相当明显：昆体良以修辞术衰亡为前提并揭示其原因，自然是为了遏止这种衰落，塔西佗则让所有修辞术流派各抒己见。塔西佗的美撒拉（Messalla）列举了各种各样的原因：塔西佗并非没有认识到教学活动的负面影响，但是，他认为主要原因在于青年教育的改革，此外也包括政治局势的转变，即共和制转变为君主制。与塔西佗《对话》中的模仿者相反，演说术的衰落对较早时候的演说术辩护者而言显然是不争的事实。即使对于出现在塔西佗《对话》中的如马特尔努斯（Maternus）那样有分寸的人而言,事情本身也不容怀疑。马特尔努斯问道,尽管自西塞罗以来为时未远,但为什么演说术就如此这般地每况愈下了呢?(24.3)

昆体良修辞术宏著——十二卷本的《善说术原理》,是他20年教学活动的成果,其意义远远超越了一本普通的教材。这部著作大约出版于公元95年,内容不仅仅涉及修辞术,归根结底要论述的是教育——修辞术事实上承担了教育的职责。课程从基础教育开始(第一卷),然后是修辞术课程的基本知识(第二卷)和修辞术原本的教学内容(第三至第十一卷,其中第三至第七卷是材料的发明和整理,第八、九和十一卷是表达、记忆和演说),最后是杰出演说家的典范(第十二卷)。其中插入的第十卷涉及希腊和罗马文学史的入门知识,目的在于使演说者能具备阅读材料的基本知识。尽管该书完全体现了西塞罗风格和古典主义风格,① 但仍然考虑到了教学活动。

这本著作的相关部分多次引用高尔吉亚教材的拉丁语译本,来自雅典的高尔吉亚是西塞罗儿子马尔库斯(Marcus)的老师。译者是并不有名的卢普斯(P. Rutilius Lupus),四卷中只有关于词语修辞格(如对仗法、从句主语前置法、同音[同形]异义)的两卷保存了下来,其余有关意义修辞手段(如比喻、讽刺)的两卷遗失了。

---

① 几乎没有谁比昆体良更好地、更富于教导性地把握古典修辞术的精髓。因此,迫切需要制订一份《善说术原理》的现代分类索引,它能解决术语难题,又能避免不着边际地把所有时代和所有作者的术语堆砌在一起。据说,正是想到了这一点,拉恩(H. Rahn)出版了双语的昆体良版本(学术图书发行公司)。

致力于纯教学修辞术是老塞涅卡(公元前55年生于科尔多巴[Corduba],约公元40年去世)。他著有《辩驳》(*Controversiae*)(包含74件诉讼案例)和《议对》(*Suasoriae*)(7篇),前者代表了诉讼体(genus iudiciale)修辞术,后者代表了议事体(genus deliberativum)修辞术,但完全不同于真正的法庭或议事演说。著作原本是同时代演说家的一本重要文选。尽管自己就是西塞罗主义者,但塞涅卡凭借令人难以置信的记忆力(他声称,他年轻时能按照人们所说的顺序背诵两千个名字,能以相反的顺序背诵两百多首诗:《辩驳》1 praef. 11),在高龄时着手记录自己听过的有特色的演说家的讲辞。这些讲稿后来都成了经常使用的①教学典范和材料,不是用于广场或法庭演说,而是仅用于教学。他的儿子、后来成为哲人的塞涅卡曾经抱怨说,"我们不是为了生活,而是为了学校而学习"(non vitae sed scolae discimus)。书中的案件是为单个的诉讼辞虚构的。

当作典范的演说稿也适合用于公开的演说。以相同的演说稿公开登场的演说家,被人们称为"即席演说家",这并非没有理由。假如人们记得,早在共和国末期就已举行过公开的诗人朗诵会(公元前39年10月25日由珀利奥[C. Asinius Pollio]引进。当时,罗马诗人奥维德朗诵了肃剧,在塔西佗的《对话》可查阅到),那么,人们就会对修辞术本有的和公众承认的地位做出如下判断:它与诗歌平等。(这提醒我们不要把一部诗作里的"修辞术"一开始就贬为劣等,古代绝不会这样看待修辞术。)公开发表具有高度艺术性的演说绝不意味着与过去的断裂。人们只需想想,西塞罗在出版自己的演

---

① 《议对》有一份摘要,原作中的大部分内容遗失了。

说前(同样也被当作演说的样本),也习惯对已演说过的讲辞加工修改,①那就不会感到奇怪了。小普林尼(Plinius der Jüngere,公元61或62年生于如今意大利柯莫[Comer]湖边的考摩[Novum Comum],卒于公元114年)的作品,我们仅保存了他演说稿中致图拉真(Trajan)的颂词(而不是他的法庭演说)。小普林尼在公开诵读讲稿之前,也会在朋友和熟人的建议下对其多次进行修改。这也许是他的特色,是他让演说脱离了其最初的目的——公开朗诵,但之前要真正熟练讲稿内容。他肯定是个不乏虚荣心之人。(他的信件——不同于西塞罗的——不单单写给收信人,目的也在于留传后世。)毕竟,小普林尼的演说以真正的意外事件为基础。反之,人们不禁产生了此种担心:塞涅卡的法律基础和法律——既不是罗马的也不是希腊的——以及尽可能荒唐的事实都是虚构的,目的在于以此检验洞察力和演说技能。比如,《辩驳》(卷六,8)的摘录:"贞洁的处女写下这些话:美好的婚姻! 我将死去,如果不能甜蜜地出嫁。原告是不洁的。"再如《辩驳》(I.5):"一个被强奸的女孩或者可以选择处死强奸犯,或者可以选择嫁给强奸犯,但没有嫁妆(这是条法律)。有人一个晚上奸污了两个女孩,一个选择处死他,另一个选择嫁给他。"

署名昆体良的两本文集也具有相同的风格,但实际可能出自公元1—2世纪。

---

① 西塞罗给被驱逐到马赛的弥洛(Milo)寄去他已加工的演说,弥洛讽刺性地对此表示感谢:西塞罗幸好没有在法庭前如此言说,否则他也不可能现在吃着味道这么好的海鲃(Cass. Dio XL 54.3以下)。卡列努斯(Calenus,Cass. Dio XL VI7.3)对西塞罗如此说:"你相信吗,你那么受人称颂的演说与你出版的不尽相同,人们不清楚你是后来才书面写就的这些演说辞?"

在保存下来的佩特隆(Petron)的小说《萨提尔》(Satyrica)中,开篇就尖刻地描述即席演说活动。公开登场的演说者无疑会大肆阿谀奉承。演说者竭力寻求非同一般的词语和词组、使人惊讶的隐喻和格言,尽量避免常用的词语(常用词能达到特殊效果的情况除外)。此外,他们还喜好冗长的描述、修辞格和空洞的套话。塔西佗《对话》(26.2以下)中的美撒拉说,大多数诉讼演说者的演说方式和行为举止都如同演员:"好像在用无礼的词语、轻浮的句子、放纵的结构来模仿演员的说话方式"(ut lascivia verborum et levitate sententiarum et licentia compositionis histrionales modos exprimant);"他们为能够以歌唱和舞蹈的方式朗读演说辞而感到自豪,所以有人讽刺道:我们的演说家可爱地发言,演员雄辩地跳舞(oratores nostri tenere dicere, histriones diserte saltare)。"

塔西佗《对话》(19.5)说明了修辞术从法庭撤回学校的情况。文中说,法官再也不能容忍演说者对时间的占用,不得不规定演说的时间,假如演说者离题,法官常常打断演说,告诫他们回到正题。法官向演说者暗示时间仓促。可以设想,在这种条件下,冗长的、西塞罗式的演说术能得到进一步发展吗?演说术演变为阿谀奉承和节庆演说,这难道不令人惊奇吗?模仿者在塔西佗《对话》(20.1)中说,谁还能忍受我们在西塞罗的《为图里乌斯一辩》(pro M. Tullio)或《为卡埃基纳一辩》(pro Aulo Caecina)中读到的连篇累牍的(immensa volumina)有关例外(exceptio)和程式(formula)的内容?人们根本无需用放大镜寻找演说术衰落的原因!

那时,教学活动受到极其严厉的谴责。而出于公正,必须强调,所谓的修辞术教育几乎包揽了全面的教育,自然学、数学和音乐除外。可与之比较的大概是所谓效果褒贬不一的旧式作文课。旧式作文课同样认为,它能教导人们就一切事情发表演说,以及就一切事情著文论述,却混淆了其中的技能和固定的知识。应该强调,不仅在德国情况如此,其他国家也一样。

帝制时代出现了大量演说家和修辞家,其中一些我们偶有耳闻,无数人的名字则逐渐被淡忘了。不过,列举名字毫无意义。与人物传记相似,我们打算列举那些出现在修辞学校的人。① 索引列举的所有修辞家,对我们而言仅仅是一连串名字,这一索引被放在苏埃顿《论文法学家和修辞学家》(*De grammaticis et rhetoribus*)的大多数手抄本前面。令人遗憾的是,苏埃顿传记式文学简史《论英杰》(*De viris illustribus*)几乎完全失传。其中介绍了如下的修辞家:普洛提乌斯、艾皮狄乌斯(M. Epidius)、克洛狄乌斯(Sex. Clodius)、希卢斯(C. Albucius Silus)(见下文)。关于他们的简短传记即将结束时,所保留的部分就中断了。依据索引,后面肯定还有 11 位修辞家。在老塞涅卡那里可以开列一个差不多 30 人的名单,并有例子说明:拉比恩努斯(T. Labienus)和塞维鲁斯(Cassius Severus)在有些情况下还属于旧式演说家,两人都不讨人喜欢,他们的著作被列为禁书(塔西佗《对话》19:qui usque ad Cassium Severum fuit[被过去的赞扬者当作优秀的演说家])。塞涅卡认为,拉特利奥(M. Porcius Latro)②、福斯库斯、希鲁斯和伽利奥(L. Iunius Gallio)是他那个

---

① 塞涅卡的《辩驳》(卷二,2.8 以下)描述了奥维德的特征,值得一读。奥维德是修辞家福斯库斯(Arellius Fuscus)和拉特利奥(Porcius Latrio)的听众,他被视为优秀的朗诵者,但他不喜欢诉讼,归根结底是因为不喜欢论证。

② 关于拉特利奥,昆体良的《善说术原理》(卷十,5.18)认为他是最早的知名修辞术教师(qui primus clari nominis professor fuit)。大约从昆体良开始,所有从事教学活动的人都提到了,昆体良在回顾中甚至也谈及了较早时候的一些人。

时代最有名的四位,老帕西恩努斯(Passienus)则是最善于辞令的人。我们最清楚的还是塔西佗在其《关于演说家的对话》中介绍的演说家(见上文):马特尔努斯最初是律师,后来由于怀疑真正的演说术在当时政治情况下的前途,便转向肃剧创作(他自己朗诵剧作)。阿沛尔(M. Iulius [或 Flavius] Aper,出生于公元 35 年)是新近演说术的狂热辩护者。他和同样在《对话》中出现的瑟昆都斯(Iulius Secundus)都是塔西佗的老师,在年轻时,阿沛尔自己就是一名杰出的演说家。美撒拉是阿沛尔的对手,被视为旧演说术的赞颂者,他尤其将现代不严谨的青年教育看作演说术衰亡的原因。不过,与其说这些人是修辞术教师,倒不如说他们是积极的演说家。总之,在缺乏更加详细的资料时,常常很难区别演说家和修辞术教师。当然,修辞术教师也在公开场合露面,如所有演说家一样,至少可以仅凭他们的演说方式而在演说纲领方面产生影响:假如没有有意无意地信奉一种纲领或一个流派的文体,人们那时几乎不可能作为演说家在公开场合露面。

如果演说术受到重视,则肯定会出现教授修辞术的教师。那时有名的教师是弗拉乌斯(Verginius Flavus),他编写了一本修辞术教材,昆体良以称赞的语气提起过这本教材。弗拉乌斯是诗人佩尔西乌斯(Persius)的修辞术教师。塔西佗(《纪事》卷十五,71)和苏埃顿的索引也提到过弗拉乌斯。当然,还有其他一些教材的作者。昆体良在《善说术原理》第三卷开头论述的是"修辞术作家"(scriptores artis rhetoricae),谈到了直到他那个时代尤为重要的希腊和罗马的修辞术作家。必要时,古代的教师也将教材作为上课的基础,他们不仅使用那些为教学编写的教材,也使用那些——由于修辞术课程包含了全面教育——为大众编写的教材,西塞罗和昆体良的修辞术著作就属于此类。肯定有大量为课堂教学编写的教材,教师们总是对现存的教材不满意,因而那些编写的教材常常仅被当作辅助材料来用,并和其他材料编撰在一起。有人又从中归纳出另一种类型的教材。不过,它们基本上是旧教材的汇编,大多内容被缩写,且编写得更易理解,适合使用者不同的偏好。

属于公元 1 世纪的修辞家还有奎瑞纳里斯(P. Clodius Quirinalis)、里贝拉里斯(Antonius Liberalis)——我们从希罗尼穆斯的笔记中可以对他们有所了解,以及希罗尼穆斯和塔西佗都提及的、在高卢教书的伽比尼阿努斯(Sex. Iulius Gabinianus),这三人都出现在苏埃顿的索引里,希罗尼穆斯则是从苏埃顿处获得了有关他们的信息。"伽比尼阿努斯将自己排在西塞罗之前,在伽比尼阿努斯之后,学校演说者(scholastici)中谁不知道他这种想法?"美撒拉在塔西佗的《对话》(26.4)中如是说。他由此证实,演说者可以通过贬低早期演说家——包括西塞罗,获得极高的尊重。

三、公元 2 世纪以来的修辞术

在哈德里安时代,希腊修辞术在皇帝(哈德里安,公元 117—138 年在位)的亲自倡导下获得了很高的声望。这就是所谓的"第二次智术师运动"的第一个全盛时期。① 与第一次智术师运动相

---

① 这里并非描述所谓"第二次智术师运动"复杂情况的恰当场合,不过,我认为这个名字尤其不当。人们在前苏格拉底智者那里认识了演说技艺,在学校了解青年,也恰好是新教育的显著特征。不过,往往忽视两种现象的根本不同之处。应强调的是,大体上看,"第一次智术师运动"是学术型(转下页)

反,人们指责它以形式的优雅("第二次智术师运动"总被理解为浮夸或流畅、精致或激昂)掩盖思想的贫乏,这有些不公正。第二次智术师运动的主要代表希罗德(Herodes Atticus,公元101 – 177),被认为是古代最富有的人,但是,他将自己的大量财富捐赠给了希腊。(比如,他捐助修建了雅典大理石体育场和大剧院。)他的老师和朋友有法沃里努斯(Favorinus)和劳迪凯亚的珀勒蒙(Polemon von Laodikeia,公元88—144)。希罗德曾担任希腊很多职位,或许可称为哈德里安的朋友(amicus),在同一年像弗隆托那样担任了最高行政长官(公元143年);和弗隆托一样,希罗德(在罗马期间)也是王子的老师。希罗德有很多追随者和学生。尽管希罗德的学生中也有重要人物(格利乌斯、阿里斯提德就是其中两位),然而,由于他过分追求阿提卡风格——他的榜样是苏格拉底的学生克里提阿(Kritias),他在下一代人中就失去了影响,只保存了一篇演说稿,真实性还值得怀疑。

希罗德有位学生叫阿里斯提德(A. Aelius Aristides,卒于公元189年),直到人文主义时期,都被视为典型的阿提卡派。因此,阿里斯提德共有53篇讲稿(包括祭神的散文赞歌)保存了下来。而以阿里斯

(接上页)的,有实验依据,并具有思辨性。在伦理学上,它质疑传统;在逻辑学上,它探讨概念的承载能力,检验逻辑学并发展了辨证术。而"第二次智术师运动"则是积聚性的、百科全书式的,有固定的规则和伦理原则。它的重点在于以情动人(因此叫"奉承"),很少晓之以理。(在分科上,受欢迎的不是悖论,而是使人惊奇的效果。)几点重要的提示:估计"第二次智术师运动"的第一次兴盛时期是从公元2世纪至3世纪的上半叶(代表人物有:哈德里安、珀勒蒙[他在西米纳一所最出色的学校当过教师]、希罗德、阿里斯提德)。第二次兴盛期是在公元3世纪的文化衰亡之后,即从公元4世纪起(尤利阿努斯[Iulianos Apostata];里巴尼乌斯[Libanios von Antiocheia];然后是基督教徒格列高里[Gregor von Nazianz]、巴斯莱奥斯[Basileios]、金嘴约翰[Johannes Chrysostomos],以及兴旺的加沙学派)。

提德命名的其他两篇讲稿和两部修辞术著作则或许是假的。

这一时期,享有盛名的演说家还有对答如流但有些骄傲自大的劳迪凯亚的珀勒蒙,希罗德称他是"弗里几亚(phrygisch)的德摩斯忒涅"。还有对哲学感兴趣的亚尔(Arles)的法沃里努斯(约公元80—150),他善于用两种语言做出色的演说。因与珀勒蒙为敌,法沃里努斯被短时流放。有关此事,在法沃里努斯的著作《论放逐》(Περὶ φυγῆς)中,有部分在莎草纸上保存下来。此外他还有三篇演说稿,不过其真实性尚存有争议。希罗德、普鲁塔克、格利乌斯和弗隆托都是他的朋友。

法沃里努斯的老师是普卢萨(Prusa)的狄翁(Dion)。狄翁后来被人称作 Chrysostomos(金嘴,约公元 40 年生于比蒂尼亚[Bithynien]的布尔萨)。多米提安(Domitian)驱逐狄翁,而图拉真很看重与狄翁的私交。狄翁打算用建筑物来美化普卢萨,却招来攻击,最后在公元 110 或 111 年被控告。法官是前最高行政长官小普林尼,预审以《书简》(*epist.*)卷十 81(致图拉真)和 82(图拉真的答复)为依据。狄翁虽然是那个时代最有名的演说家,但他更多从事伦理哲学的研究。因此,我们现在所掌握的 80 篇演说稿(不过,其中两篇被认为是狄翁的学生法沃里努斯所写)可称作犬儒主义的、廊下派的论战文本。

至少在拉丁语的圈子内,与法沃里努斯交好的还有公元 2 世纪极有影响力的人物——弗隆托,约公元 100 年出生于努米底亚的基尔塔(Cirta),卒于公元 175 年后。弗隆托属于所谓的"好古者",[1]

---

[1] W. Lebek, Verba prisca: *Die Anfänge des Archaisierens in der lateinischen Beredsamkeit und Geschichtsschreibung*[《在拉丁语演说术和历史编撰领域仿古的开端》], *Hypomnemata* 25, 1970。

他们只对较古老的词语、形式、结构及古代作家感兴趣。因此,"好古者"也只对卡图一个人的修辞术感兴趣,完全把卡图当作楷模,他们最多还会对西塞罗之前的作家感兴趣。撒路斯特受"好古者"尊重,因为在撒路斯特那里可以发现古老的词形。对他们来说,西塞罗不是榜样,而是无法避免的苦恼:西塞罗将拉丁语变得巧妙,能表达重要的思想,因此不可能完全忽略他。即使人们早就对西塞罗吹毛求疵,也不能不表示钦佩。①毫无疑问,弗隆托是一名有天赋的文体艺术家,他被认为是西塞罗之后最伟大的演说家。可惜,我们只能根据保存并不完整的信件来考证。不过,在此比较弗隆托与西塞罗并不合适:弗隆托的信件常常是匆匆写就的便条,既不是要用来进一步加工,也不适于流传。因此,假如我们依赖信件,那么我们对文体家西塞罗就知之甚少。一个特殊的现象是,与西塞罗看重演说稿相比,弗隆托更看重他的信件。弗隆托自己的信件仅被认为是雕虫小技。这位备受赞颂的修辞家不想暴露自己的弱点。弗隆托的虚荣心不及第二次智术师运动的代表人物。但是,人们乐此不疲地赞美他们的重要性,这些人怎么能不自高自大?不过,即使是弗隆托的反对者,也不能否认他的正直。弗隆托在文体上的天赋,被矫揉造作和力求独树一帜的风格掩盖了。他有时乖戾而有失体面,使今天为他辩护的人感到难堪。不过,因为时代不同了,现在再也没有弗隆托的追随者了。那时,弗隆托的学生崇拜他,不仅将他看作大师,也把他当作父亲般的朋友。弗隆托所享有的尊重表现在,他

---

① 同时代的演讲家就认为他空洞无力(solutum et enervem)——如Calvus 的看法,或者软弱和不充分(fractum atque elumbem)——如布鲁图斯所说,塔西佗《对话》(18.5)中的阿沛尔津津乐道地引用了这些表述。

既是最高行政长官,同时哈德里安也让他担任王子的老师:人们立即会想到希罗德。在学校担任教师的修辞家们享有最高的社会地位。较之只在罗马做过短期逗留的希罗德,弗隆托的影响显然更深远。拉丁语修辞术拥有如此重要的代表人物,对其本身产生了有利的影响,至少重新赢得了输给希腊修辞术的部分领域。

在弗隆托丰富的创作中,有两篇研究修辞术的论文。一篇论述的是演说术与哲学相比的价值,另一篇标题为《论演说》(*De orationibus*)。他所有的著作,包括一部分信件,只有少量保存下来,而且很多都只有残篇,比如已修改的演说。

也许我们可以推测,相比帝制时代那些或多或少灵巧地创作出来的大多数演说,弗隆托的演说要好一些。其中有大量的即兴演说,如对婚礼、生日的祝福,告别和莅临的问候,以及悼词等等。试想,如今在单独一年内可创作多少首诗歌,那么,就不会低估那时的创作量了,尤其是演说。在学校,人们甚至也教授修辞术。如同写诗的人并非每个都是诗人一样,发表演说的人也并非每个都是演说家。因为对那时的演说所知不多,所以我们对发现的每一篇都感到高兴。假如我们得到所有的演说稿,我们就不得不自己进行挑选,而文本的流传本身就在筛选(不过挑选的方法过于粗略,因此不能认为保存下来的总是最好的)。许多著作之所以失传,自有其原因。正好,在一份美因茨的手抄本中发现了 12 篇颂辞,摘抄者认为这些颂辞当中自然包含了典范的颂辞。第一篇颂辞是普林尼于公元 100 年致图拉真的,但其他颂词时候稍晚,正好涵盖了从公元 289—389 年的一百年(从马克西米安[Maximian]到忒奥多西乌斯[Theodosius])。这些颂辞是体裁样本,远不是唯一保存的材料。此外,还有其他材料保存下来,比如西马库斯(Symmachus)的演说稿和后来的恩诺迪乌斯(Ennodius)致忒奥德里西(Theoderich)的一篇颂辞。

颂辞源于古老的节庆演说和赞美辞(比如,高尔吉亚、吕西阿斯和伊索克拉底都写过颂辞),属于颂扬体(γένος ἐπιδεικτικόν)。罗马热衷于得到溢美之词的颂扬,这属于最值得追求的荣誉。这些颂辞包括最初和古老的墓前悼词,以及对统治者的即兴颂扬(属于此类的不仅有演说,还有西塞罗[已失传]的颂辞和奥古斯都时期诗人的一些作品)。逐渐地,这一术语只限于对在位皇帝的颂扬。颂辞发展成为对皇帝表示致敬的常见文体,一种独有的体裁,包括对事实上和自称的功绩的夸大颂扬,以及对理想统治者的神化,这一理想在皇帝身上——似乎恰好就在他身上——最纯粹地反映和投射了出来。

弗隆托的修辞术著作不是狭隘意义上的教材,而是提出了普通教育的和哲学的要求。教材越来越实用,一直到古代晚期(没有学院修辞术,根本不可能阐明帝制时代的文化史)都有广泛使用的教材(参《小拉丁修辞教师》[*Rhetores Latini minores*]的残篇)。属于此类教材的有公元3世纪的拉马努斯(Aquila Ramanus)的修辞格学说《论句子与演说的修辞格》(*De figuris sententiarum et elocutionis*; figurae sententiarum 是"句子修辞格", figurae elocutionis 属于对演说的谋篇布局)。修辞格学说可以追溯到公元2世纪希腊人努门尼乌(Alexandros Numeniu)。另一本广泛使用的教材是儒菲尼阿努斯(Iulius Rufinianus)的著作(公元4世纪上半叶),作者特别强调,该教材是对拉马努斯教材的补充,因此也采用了相同的标题。常见的形式是选取散文作家和诗人的例子加以简短的解释,本文也使用此种形式。由于整个文学领域的修辞术化,修辞家们从所有的(包括古代和古典的)文学中摘选例子,以显得自己有根有据。这些例子按照作家和时代的文学品味挑选出来,并加以论述。古代晚期修辞术著作的一个见证是 C. 维克托尔(C. Iulius Victor),他的著作涵盖了所有题材,不过仍然属于公元 4 世纪的作品。这本著作并非独创,而是对早些时候著作的汇编,正如书名表明的:《维克托尔修辞术:赫尔马戈拉斯、西塞罗、昆体良、阿奎利阿努斯、马尔科曼阿努斯、塔奇阿努斯》(*C. Iulii Victoris ars rhetorica Hermagorae*, *Ciceronis*, *Quintiliani*, *Aquilii*, *Marcomanni*①, *Taciani*; Aquilii 或许指 Aquilae,马尔科曼阿努斯是公元 3 或 4 世纪的学院修辞家;Taciani 或许是公元 3 世纪的 Titiani)。直到中世纪,人们都广泛使用该著作。同样出自公元 4 世纪的一本(保存下来的)著作,是一位名为福尔图纳提阿努斯(C. Chirius Fortunatianus)的人以问答形式写的《修辞艺术》(*Ars rhetorica*)。塔尔索斯(Hermogenes von Tarsos)的著作是理论著作。另外,同属这一时期的维克托尔(Sulpicius Victor)也被人提及,他的书名很讲究:《演说术原理》(*Institutiones oratoriae*)。相对而言,这本著作篇幅较短。据该书前言,其定位既不是一本独创性的著作(只有分类一览表是特有的),也不是为普及演说术而编写(而是写给他的女婿)。其中的诗歌受人喜欢,便于记忆,这可以表明课程处于何种思想层面。②与我们题目相关的是一位并不有名的作者的著作《诗歌的修辞格》(*Carmen de Figuris*),大概出自公元 5 世纪。每

---

① 马尔科曼阿努斯是最早的具有日耳曼名字的拉丁语作家,也许是日耳曼人。

② 大约同一时间有一本《诗歌的分量和长度》(*Carmen de ponderibus et mensuris*),晚些时候有一本《诗歌的平衡及其部分》(*Carmen de libra et partibus eius*)。不过,早在大约公元 3 世纪时,马乌鲁斯(Terentianus Maurus)就创作了一首诗歌《论字母、音节、韵步》(*De litteris*, *syllabis*, *metris*,在所谓卡图卢斯的残篇编号 1 中发现)。

一修辞格有三个诗节,其中通常一个是定义,另外两个包含例子。

这些作者的创作很少带来可喜的效果。比较而言,公元 2 世纪的弗隆托和阿普列乌斯,或者公元 4 世纪的奥索尼乌斯(Decimus Magnus Ausonius)和西马库斯就完全是另一种精神层面的人物——虽然是模仿者,但值得人们敬重。和弗隆托一样,阿普列乌斯也是非洲人,约公元 125 年生于马都拉(Madaura)。他最著名的作品是《变形记》("金驴记",其中插入了有关爱神和魂灵的童话)。不过,他并不认为自己微不足道,也没有认为修辞术不重要,他从演说稿中挑选出版了一个文选,即《华章乐彩》(Florida)。

在此,值得考虑的是,在这一时期,对拉丁语修辞术而言,文学的重心从西班牙——昆体良和塞涅卡就出生于此——转移到了非洲:弗隆托和阿普列乌斯都出生在努米迪恩。在此,非洲通常是指北非海岸地区。一直到公元 5 世纪的旺达尔人(Vandalen)时期,非洲都扮演着领导角色。我们不应忘记,在古代,北非属于西方文化圈,包含了整个地中海地区。那时,小亚细亚是希腊文化,非洲是罗马文化。除了上文提及的伽比尼阿努斯,还有塔西佗《对话》中出现的许多其他谈话者似乎也是高卢人(阿沛尔可能性很大,瑟昆都斯、马特尔努斯兴许也是)。尽管如此,高卢演说术的鼎盛时期是在公元 4 世纪。另一方面,许多人从行省来到罗马,发挥他们的影响。不过,在行省,拉丁文化也兴盛起来,在西班牙主要是在 Emerita(现梅里达)、Italica(塞维利亚附近)、Terraco(塔拉戈纳),在非洲主要是迦太基。还有高卢和马西拉(Massilia,即马赛)、勃迪加拉(Burdigala,即波尔多)和奥古斯托杜努姆(Augustodunum,即 Autun[奥屯])。

奥索尼乌斯,约公元 310 年出生于勃迪加拉。他获得了最高威望(公元 379 年任最高行政长官)。在文学形式上,他技艺精湛。除消遣的东西之外,他还创作了许多诗歌,其中部分有意地接受古典作家的创作方法。重要的著作《布尔迪加宣言纪念》(*Commemoration professor Burdigalensium*)是其老师和同事的一幅画卷,呈现了极富影响的兴盛"气派"。

西塞罗和小普林尼是高卢人文体上的典范,不过他们既不回避尚古风格,也不避开现代特色。亦即,他们背弃古风,而没有陷入无创造力的好古主义。

另外一位高卢人德雷潘尼乌斯(Latinius Pacataus Drepanius)是奥索尼乌斯的朋友,我们只知道他有一篇致忒奥多西乌斯的颂辞,公元389年在元老院发表(可在《拉丁语颂辞》[*Panegyrici Latini*]中找到)。

奥索尼乌斯的另一位朋友西马库斯(Q. Aurelius Symmachus,约公元345—405)是家族最重要的代表。这一家族努力坚持古罗马传统,在文学和宗教领域占有重要位置。① 西马库斯被认为是他那个时代最优秀的演说家(已知有8篇演说)。作为政治家(担任过非洲的最高行政长官、执法长官)和异教文献的维护者(他本人、他的家庭和朋友都致力于古典作家文本的出版),他发挥了重要作用,这里短短几行文字难以概述其重要性。

其间,皇帝尤利安努斯(Flavius Claudius Iulianus)——绰号叛教者——在位时,相比基督教修辞术,东部的希腊—异教修辞术占据上风,并得到广泛传播,尽管这一胜利只是短暂的。这一流派最

---

① 值得一提的一个插曲是:正是西马库斯致信瓦伦丁尼安二世(Valentinian,公元375 – 392年在位),呼吁宽容演讲,他企图以此在罗马教廷重建胜利女神的祭坛和圣像,但由于安布罗西乌斯的反对而失败。

重要的代表人物是安提俄库斯(Antiocheia,[按]古叙利亚首都,今位于土耳其境内)的里巴尼乌斯(Libanios,公元314—约393)。他在雅典、君士坦丁堡和小亚细亚最重要的城市学习,最后回到安提俄库斯。他的同侪忒米斯提奥斯(Themistios,约公元317—388)在著作中则更多侧重哲学方面的研究。所以,其演说所涉除政治主题外,也有哲学方面的题目。他以狄翁为榜样,有33篇演说稿保存下来。

令里巴尼乌斯感到痛心的是:他的得意门生伊奥安尼斯(Iohannes)——后来别名叫Chrysostomos(卒于公元407年)——改信了基督教。伊奥安尼斯成了安提俄库斯有名的传道士,后来成为君士坦丁堡的主教。后来,纳茨安兹(Georg von Nazianz)也短时间地担任过这一职位(公元380或381年)。巴斯莱奥斯(Basileios,约公元330—397)是卡帕多细亚(Kappadokien)的该撒利亚(Kaisareia)的主教(其弟格列高利[Gregor]是尼撒[Nyssa]的主教)。

上述这些东罗马帝国的大人物以希腊语写作,引导了拜占庭时代的文学潮流。他们及后来真正的罗马文化维护者——比如西马库斯——是一个分界点。在此,一方面,希腊修辞术和拉丁修辞术事实上分离了(当然还保留了某些关系,但相互间的联系再也没有紧密到足以构成一个整体。正如我们通过仔细检阅教材可以发现,早些时候是罗马人而非希腊人利用了学拉丁语的人),另一方面,"基督教修辞术"开始兴盛起来。不过,基督教修辞术继承了古代的修辞术,并以之为基础。若不考虑基督教的内容,人们一开始很难察觉到二者之间的差别。假如提及以下几个名字和几桩事实,那么显而易见的是,古代修辞术仍然在发挥作用:为基督教而作的辩护和德尔图良(Tertullians,迦太基人,其《护教篇》[*Apologeticum*]以法庭演说的风格撰写)发起的论战,安布罗西乌斯(Ambrosius,生于特里尔,卒于公元397年)的布道,奥古斯丁(Augustinus,公元354年生于非洲,卒于公元430年)内容丰富的著作。总之,没有古代修辞术,早期基督教教父的著作是无法想象的。居普良(Cyprian,生于公元205年,在迦太基担任教父)和拉克坦兹(Lactanz,约公元260年生于非洲,被迪奥克莱提安[Diokletian]委派为首都尼科门迪亚[Nikomedeia,今伊兹米特]的演说家)的情况也是如此。他们所有人都受过完整的修辞术训练,或者一开始就是演说者,有的甚至因为当演说家而成就显著。

结束本文之前应提到一本特殊的著作:在中世纪,人们将学科权威性地划分为七门人文学科,这可追溯到卡伯拉(Martianus Capella)。他的百科全书(极有可能编写于公元5世纪初)具有超凡的影响力,但同时也是一部稀奇古怪的混合物,由散文、诗歌、扎实的古旧知识、杂七杂八的空想以及因为缺乏专门知识而产生的误解混合而成。所用的表达方式也很诡异:墨丘利(Mercur)娶了语文学(因此标题是《墨丘利与语文学的联姻》[De nuptiis Philologiae et Mercurri]),参加婚礼的有拟人化的七艺(都是自由的,因为没有被要求承担苦役,名字和概念都陈旧了)。①这部著作分九卷(第一和第二卷用了大量比喻修辞格,随后的每一卷论述七艺中的一种),对研究中世纪产生了重要影响。"七"这个数字成了规范。在七艺中,修辞术拥有稳固的地位:文法、辨证术(这两者恰好是修辞术的基本学科知识)和修辞术这三者形成了"人文初级三学科";其后是

---

① 参见 W. H. Stahl, *Martianus Capella and the Seven Liberal Arts*[《卡伯拉与七艺》], New York, 1971。

"四门学科",即几何学、算术、天文学(占星学)和声学(音乐理论)。该著作的榜样是(已失传的)瓦罗的百科全书,卡伯拉从中吸取了很多内容。不过,瓦罗还论述了医学和建筑学。与泰伯利亚(Tiberianisch)时代的百科全书学者凯尔苏斯(Celsus,医学是其唯一的内容)相比,瓦罗著作的特点是内容简洁。修辞术存在的理由不再是个问题,这已是理所当然的。

整个中世纪,一直到近现代,修辞术都被认为必不可少。假如预兆正确的话,那么,修辞术似乎在经历了漫长的歧视后有望再次复兴。这是那些注重形式之人的希望,也是那些认为"即使在我们这个时代,论证通过呈现才能使人确信"之人的愿望。

文本考据

耶格尔(Gerhard Jäger)著

文本由语言及意义构成,文本中牢靠的字句是理解文本的基础。我们所读的希腊语和拉丁语文本并非原著,亦即并非由作者亲手记录或至少认可的文本。今天,谁若想阅读一篇古代的原文文本,大多情况下使用的是现代版本。那么,这种现代版本的基础是什么?采用何种方法出版?它提供哪些使用的可能性?不仅出版者有必要了解此类问题,读者和使用者也应该对此感兴趣。

古代和中世纪都还没有印刷术,书写文本的传播一直到15世纪都要凭靠抄件。随着时间的推移,这种方法肯定会使原文多少有所歪曲。当代出版者因为想要尽可能真实地(遵照作者的意愿)再现文本,所以,必须尽力消除各种各样对文本的歪曲。

这就要求采取下列缜密的工作程序。当然,在具体的操作过程中,这些程序以多种多样的方式交错进行。

1. 必须找到某个文本现有的各种抄件。

2. 对这些抄件的阅读。

3. 必须对阅读的文本作历史和学术的考订。考虑到抄件有可能出现和原件不一致的情况,必须对这些抄件作比较、整理和分类。

4. 依据结果,尽可能修复出最佳文本。

版本应当尽可能地满足读者的兴趣,同时也应该遵循固定的惯例:一个考订性的版本通常会给读者提供有关现存文本材料、文本考据、文本在流传中的历史地位以及文本修复程序的信息。

下文尝试简要介绍这些考订步骤,扼要说明为上述各个步骤提供普遍性和系统化基础的原则:写本学、古文字学、文本考订和编辑技术。

一、抄件

1. 材料的确定和获取

在工作伊始,出版者将面临如下两个问题:1. 一个文本有哪些抄件? 2. 何处能找到这些抄件?

对一些文本或作者来说,早就有了现有抄件的汇编,而且是以目录的形式,其中列举了相关文本材料,也许还对此作了描述。(比如,史密斯[H. W. Smyth],《论埃斯库罗斯》,1933 年;斯普兰格[Spranger],《论欧里庇得斯》,1939 年;图瑞恩[A. Turyn],《论索福克勒斯》,1944 年。)此外,在现有版本的引言里,有关该文本的著作——只要著作论述的是文本的材料和传本史——在图书馆的目录册和文学史中也会找到。搜寻其他相关信息须依赖出版者的洞察能力。然而,如今要找到不为人知的抄件,几乎不再可能。当然,莱岑斯坦(R. Reitzenstein)还是发现了一份普罗克洛斯(Proklos)评注柏拉图《王制》(*Politeia*)的评论抄件。

一旦确定了材料,大多都会找到一些中世纪(有可能是古代或近现代早期)的原稿,这些材料现在多数都保存在一些较大的图书馆里,如罗马的梵蒂冈图书馆、巴黎国家图书馆或慕尼黑的巴伐利亚国家图书馆。使用者经常可从原稿的名字得知保存地点。①

  图书馆的目录册会给出有关每一抄件的较详细信息。目录册大多分门别类,记录并描述图书馆的抄件。根据作者及文本的开端,这些索引给出了文本的内容。由古文字学专家编撰的抄件描述,包含了对被当作"书籍"的抄件、文字和文本都有意义的资料。它提供了如下的详细说明:书籍形式(比如:古抄件);在相关图书馆编目系统范围内的当下标记(比如:A. lat. 3208,其中 A. lat. 是 auctores latini 的缩写,意思是拉丁文作家);形成时间(比如:saec. X,意思是10世纪);说明材料(比如:pap.,意思是莎草纸;membran[aceus]是羊皮纸;bomb[ycina]是纸张);开本(以毫米计算的纸张大小规格);层数(比如:四开本);纸张数("f."意思是页数);每页的行数;透明水印花纹或者类似的(这对确定纸张抄件的日期很重要);书面形式;也许还有对插图和装帧的提示;另外也包括抄件文本的页数和页码,上面标明各自文本内容(比如:103v[erso] – 208r[ecto],意即从页103的背面到页208的正面);书名;内容;起始部分(由此开始 inc[ipit]……);有可能还包括分段标题;结语部分(全文完 expl.[icit]…,一个起源于莎草纸文卷的开合卷的标记);最后是关于原稿的来历、历史以及原稿主人的说明。此外,还包括有关原稿的学术文献,以及原稿全文或单一文本迄今为止权威考订性版本的说明。

---

  ① [译注]原稿中拉丁文的意思参见 *Artemis – Lexikon der Alten Welt*[《阿尔特密斯古代世界辞典》],Sp. 3375 以下。

在原稿的保存地，人们可以查阅文本材料或者预订摄影图片（原件同样大小或者微缩胶卷稿本）。对原稿的一些细节（主要是针对机械损坏和材料特性），建议亲自过目检查。对于其他目的，比如检查或比较若干原稿的更新情况，那么，使用摄影图片更有意义一些。

2. 书写材料和书籍形式

莎草纸和书卷

古代最常用的书写材料是莎草纸，这种材料恐怕起源于埃及。老普林尼（《自然志》[*Naturalis historia*]，卷十三，68 及以下）讲述了莎草纸的加工处理法：将纸莎草灌木杆条平放，再垂直地在上面放第二层，通过敲打和挤压，使之连接在一起并晾干。由此而成的"纸张"被粘接成一较长的条块，再卷成一文卷，使平面纤维（书的右页）在里，垂直纤维（书的左页）在外。后来（公元 1 世纪以来）有了古抄件形式的莎草纸"书"。在这些古代后期的莎草纸古抄件中，最近发现了米南德的文本。

最初是在文卷的右页（单数页）书写。文本以纵行和差不多相同的行数（在 25 行和 45 行之间）排列，并且词语没有分开。行长不等，平均来看，相当于六音步诗行的长度。在希腊文本中，自古希腊以来就间或使用重音标注。抒情诗的文本开始没有冒号分段和分节，戏剧文本仅用简单的符号（－，：）在边缘注明说话者的更替（不标明人物）。

阅读抄件需要用右手展开文卷，已读部分用左手再卷起来。两手之间展开的是刚好读完的部分。在更换新的阅读文本前，文卷必须卷起来,这是比较麻烦的一道程序,由此会使文卷遭受机械性的损坏。

可以推测,在希腊范围内,公元前 6 世纪就有了莎草纸书面记载(荷马史诗、赫拉克利特),公元前 5 世纪有了复印和书籍业,公元前 4 世纪有了出版业。①

在只有莎草纸文本全文或断篇为人们熟悉的情况下,莎草纸对古希腊罗马文献的流传才尤为重要。在希腊文献中,情况如此,比如,亚里士多德的《雅典政制》(Ἀθηναίων πολιτεία)、希腊早期的抒情诗作品(比如萨福、巴库基利德斯)和米南德的谐剧。在罗马文献中,人们熟悉的文学作品并非仅仅是莎草纸文本,比如一首有关亚克兴(Aktium)海战的诗歌(公元前 31 年)。

当古代的莎草纸和较晚的手抄本同时作为文献流传的载体时,前者就被看作令人感兴趣的文本材料。不过,较远的年限并不总是意味着较好的质量。把流传下来的古代莎草纸文本和中世纪的手抄本相比较,对我们来说是可行的,比如欧里庇得斯的《海伦》(*Helena*)、柏拉图的《斐多》(*Phaidon*)、泰伦斯的《安德里亚》(*Andria*)和李维历史著作的部分篇章。

把莎草纸作为书写材料用于文学作品,一直持续到大约公元 4 世纪,用于文献,一直到 11 世纪。

近现代的莎草纸文物在若干时期出土:1752 年在赫库兰尼姆发现一系列已烧焦但部分还可以阅读的莎草纸文本;19 世纪古埃及的农民在一些地方有零星的发现;自 1877 年以来,人们在埃及的

---

① 参见 H. Hunger, *Geschichte der Textüberlieferung*[《传本史》](第一卷), Zürich,1961,页 61。

法扬(Fayum,古亚耳西诺厄 Arsinoe)找到大量文物;最后,在英国牛津,1895年在莎草纸文本研究者格伦费尔(Grenfell)和洪特(Hunt)的领导下,成立了专门发掘莎草纸文物的协会,自那以来,人们进行了系统的发掘工作。

莎草纸文本的加工处理和阅读以及出版都面临特殊的问题,并要求专门的知识,所以,形成了一门独立的学科——莎草纸文本研究学。

羊皮纸抄件和木简

羊皮纸———一种精致的皮革形式,自大约公元前2世纪开始被偶尔使用,自公元4世纪以来被当作主要的书写材料使用。羊皮纸比莎草纸经久耐用,更适用于公元后的几个世纪里产生的古抄件形式。古抄件使用双页层,大多四层,有八页(十六面),称为四开本,也使用五开本(五层,二十面),如公元3世纪的莎草纸抄件 Bodmerianus,其中有米南德的《萨米亚》(*Samia*)。

由于可以双面书写和植入插图,在基督教化的古代后期,羊皮纸抄件在书籍形式中占有了优先地位。保存最古老的希腊文本的羊皮纸抄件残篇出自公元2世纪(比如欧里庇得斯的《克里特岛人》[*Kretern*]残篇)。两件几乎保存完好的羊皮纸抄件是公元4世纪的圣经原稿(Sinaiticus 抄本,Vaticanus 抄本)。泰伦斯和维吉尔的作品有著名的羊皮纸抄件,是公元5世纪和6世纪的,大部分希腊文和拉丁文文学的古代文本抄件都是公元9—12世纪的。

在中世纪,假如买不起新的羊皮纸,人们常常把羊皮纸抄本上原有的文本拭去,然后在上面重新书写("刮去旧字后重复使用的羊皮纸"即"重写本",意即重新平整并"重新书写"的抄件)。① 通常,在此过程中,基督教文本会替换旧的异教文本。而从 19 世纪早期以来,这些异教文本由于化学处理、紫外线摄影和荧光灯的使用,又变得可以重新阅读了。

刮去旧字后重复使用的羊皮纸就保留了西塞罗《论共和国》(*De republica*)的大部分。普劳图斯谐剧的重要的安布罗西阿努斯(Ambrosianus)抄本,也是刮去旧字后重复使用的羊皮纸,不过普劳图斯的作品在其他抄件中也能找到。在耶路撒冷,人们找到了有欧里庇得斯作品的部分羊皮纸文本,被刮去旧字后重复使用。自 1971 年以来,戴茨(S. Daitz)版本的出版可作为范本。

纸张

公元 8 世纪时,撒玛尔罕(Samarkand)的阿拉伯人从中国囚犯那里学会了造纸术。从那时起,他们就在东方和南西班牙自制纸张,也出口到拜占庭帝国。拜占庭从 11 世纪中叶开始使用阿拉伯纸张,大约 1250 年开始使用意大利生产的纸张。从这时起,人们越来越少使用羊皮纸。最终,纸张替代了羊皮纸。

二、抄件的识读

不管所需的抄件是原件或复件,搜集到之后接下来要做的是阅读。掌握一定的历史活字知识,是阅读抄件的前提条件。只要这种

---

① 参见 E. A. Lowe, *Codices rescripti*, *Mélanges Tisserant V*, Rom, 1964。

能力仅被当作阅读所需的实用的熟练技术,那么,在恰当的指导下就能相对快速地学会。但要真正了解有关希腊或拉丁文字所有分支的发展概貌,却困难得多,只有耐心的练习和长年的实践运用,才会达到熟练的程度。

文字的历史是一门独立的学术研究对象,即古文字学。在相互关联和发展变化中,古文字学观察、描述、比较、整理和解释单个文字和所有文字类型的特殊形式。古文字学能根据文字大体确定抄件的日期、地点,有时甚至能确定抄件的书写流派和书写者。比如,德利斯勒斯(M. Delisles)根据当地文字的特性,辨认出了图尔(Tours)的手迹,聪茨(Z. Zuntz)更加准确地辨认出 Demetrios Triklinios(14 世纪)及其著作和周围环境。

古文字学也能"弄懂那些通过文字流传下来的传本中的错误,并消除此类错误,只要这些错误是因为年代久远或者特殊而导致误解产生的"(特劳贝[Traube])。据此,古文字学也为澄清古希腊罗马作家的传本史做出了重要贡献,并为文本考订和编辑技术提供了十分重要的基础。布伦赫尔茨尔(F. Brunhölzl)对传本的考据就是一个好例子。①

铭文学是与古文字学并列的古书文字学——以坚硬的书写材料(如石头)上的铭文和文字为研究对象,另外就是古文书学——以文献和文字为研究对象。

即使不是编辑者,也应当了解文字发展的主要时期,能够区分希腊文以及拉丁文的主要类型。因此,有必要简单了解希腊语和拉

---

① F. Brunhölzl, *Die Lukrezüberlieferung*[《卢克莱修传本》], Hermes, 1962, 页 97 – 104。

丁语的古文字学。

1. 希腊古文字学

公元前 9 世纪上半叶,希腊人从腓尼基人那里接受了他们的文字。在希腊文字从公元前 9 世纪到公元前 5 世纪的发展中,基希霍夫(Kirchhoff)按地域把它们分成了四类。米勒斯(Milesisch)字母表就是大约公元前 400 年时传到雅典的。该字母表有如下字母符号:

ΑΒΙΔΕΖΗΘΙΚΛΜΝΞΟΠΡΣΤΥΦΧΨΩ

因为这种文字只能在铭文中找到,所以只在铭文学领域对其进行研究探讨。

莎草纸文本有两种文字类型:非文学文本使用斜体的实用文字,文学文本用图书文字认真书写。

从 19 世纪发掘出的莎草纸文本来看,我们可以将希腊图书文字追溯到公元前 4 世纪。文学范围内最古老的证明——其中有公元前 4 世纪提摩忒俄斯(Timotheos)的《波斯人》(Persern)——用所谓"铭文风格"书写,其认真的方形文字形式(ε, Σ, ↯)填满了可以想见的两线之间的空间(大写字母),使人联想到铭文。

公元前 3 世纪以来,托密勒字体(安色尔)更愿意使用圆形字体,也被称为旧莎草纸安色尔字体。大约公元前 30 年前后,出现了与之相对应的所谓"小钩状风格"的新莎草纸安色尔字体。公元 2—3 世纪的文字保持了所谓"简朴风格",表现出宽、窄字母间的对比。重音、标点符号、(各种作用的)省略号等单个阅读标记出现了。这种风格是"圣经风格"("圣经安色尔",旧羊皮纸安色尔)的前身，体现在众所周知的圣经抄件中（见上文），它使宽、窄、大、小字母协调，如下图所示：

ΑΒΓΔΕΖΗΘΙΚΛΜ
ΝΞΟΠΡΣΤΥΦΧΤΩ

除以安色尔字体的书法形式为研究对象外，纸莎草文稿学和古文字学也研究实用字体的斜体形式。大约公元 800 年前后，由上述两种字体形成了新的字体，即书法小写字母。其大小超越了两线之间的空间，形式类似后来的小写字母，早期形式如下：

公元 9—15 世纪的大多数文稿都用这种字体书写。因此，了解此种字体对古典语文学尤为重要。安色尔字体在公元 9 世纪后也仍然存在，尤其是作为标题和书页四周边上说明的花饰字体。从那时起，安色尔字体形式又出现在小写字母里，是确定一份文稿日期的重要参考。小写字母的安色尔字体形式越多，文稿的日期就越晚，由此区分为古（9—10 世纪）、中（11—12 世纪）和新（13—15 世纪）小写字母。

缩写，大概受希伯来语书写方式的影响，是从 Nomina Sacra［圣名主格］——比如 ϑεός、σταυρός、πνεῦμα——发展而来的。部分受花体字影响,随着时间的推移,手写字的花饰增加了,尤其是在自 13 世纪以来常见的纸抄件里。多种多样的非规则性决定了字形。为应对这种普遍存在的非规则性,安德罗尼克斯二世(Andronikos II)尝试实施特定的新规定。于是,自 14 世纪末以来,出现了清楚明晰的人文字体。在占领君士坦丁堡以后,这是出现在西方学者眼前的唯一书写字体。

由此派生出希腊文的印刷字体,自 1476 年开始使用。同年,在米兰印刷了拉斯卡里斯(Konstantinos Laskaris)的希腊文语法。希腊文活字的发展是项艰难的工作,一开始并非统一进行。最终,由同时代的小写字母文稿发展而来的威尼斯马努蒂尔乌斯(Aldus Manustius)活字体流行起来。这种活字标明了连字(把两个字母连成一个字母),由书写文字扩展到印刷字体。

2. 拉丁古文字学

在著作《古文字学》(*De re diplomatica*,1681)中,马比隆(J. Mabillon)将拉丁文字的发展分为五个时期:1. 罗马文字(分五种文字类型);2. 民族文字;3. 加洛林小写字母;4. 哥特体小写字母;5. 人文字体。

拉丁文字发源于下意大利的希腊文字,有可能是 Cumaes。假如不考虑共和国时期属于碑铭学领域的碑文上的古罗马字体,那么罗马文字——只要对传播文学意义重大——就可以分为多种文字类型:

大匡德安达(Capitalis quadrata,典型罗马方块字)的字母形式体现了早期帝制时期碑文的典型特征。字体以直线为主,粗略地看,每个字符写满一个铅块:

A B C D E F G H I J K L M N O P Q R S T V X Y

除这种形式外，还有 Capitalis Rustica，也被称作 Litterae Vergilianae，这是因为它主要出现在维吉尔手迹里，比如公元 5 世纪著名的 Vergilius Mediceu₅。此外，这种字体大概在公元 6 世纪早期巴黎的一份普鲁登修斯（Prudentius）的抄件里使用过，在米兰安布罗西安（Ambrosianisch）图书馆的普劳图斯作品和泰伦斯的抄件 Bembinus 中也出现过。

A B C D E F G H I L M N O P Q R S T U X Y Z

正如希腊文字的发展一样，在拉丁文字的范围内，斜体字作为变化的因素也起了决定作用。人们将此区分为新、旧罗马斜体字。新斜体字自大约公元 300 年开始使用，因为其上线出头部分和下线出头部分——这是小写字母的典型特征——而被称为小写字母斜体字。两种斜体字相互关联，不可分割。

在历史的发展中，由斜体字产生了新的、形状更多的书法字体：安色尔字体和半安色尔字体。

安色尔字体由旧斜体字发展而来，在公元 4 世纪时与羊皮纸抄件相结合而得以流行使用。这种字体以圆形为主：

A B C D E F G H I L M N O P Q R S T U X Y Z

基督教徒喜欢用这种字体，主要在古代作家——尤其散文作家——的传本中使用。重要的例子是部分李维的抄件（普泰努斯[Puteanus]:《第三十年》[3. Dekade]）和西塞罗的《论共和国》羊皮纸抄件。安色尔字体从公元 4—8 世纪，部分直至公元 9 至 10 世纪都在被人使用，此外也包括一小部分受人喜爱的变体，用于边注和修正。

半安色尔字体由新斜体字（小写字母斜体字）发展而来，未广泛使用，对文本流传不起重要作用。

在安色尔字体时期，拉丁文本也产生了缩写，由 Nomina Sacra［圣名主格］（deus、dominus、Christus 等）发展而来。特劳贝在一篇指导性论文里对此做了研究，并区分为两种主要类型：1. 省略。词的第一部分保留，第二部分略去，比如 ē 替换 est。2. 并音。词首和词末保留，中间部分略去（ēē 代替 esse）。

半安色尔字体和罗马斜体字的发展产生了前加洛林字体（所谓民族字体）：有很多缩写和连字的爱尔兰文字，正如著名的《凯尔斯福音饰本》（*Book of Kells*）所展示的那样。这也是抄件 Bernensis 363 里的字体，如公元 9 世纪早期在上莱茵地区产生的贺拉斯文本，但是其字体又首先让人猜测贺拉斯的文本"经爱尔兰"流传开来。除此之外，还有凯尔特（keltisch）、盎格鲁撒克逊（angelsächsisch）、西班牙文字（西哥特体或西班牙小写字母），以及在意大利范围内发源于卡西诺山的最重要的本笃会文字。本笃会修士经常使用这种文字。这种文字与加洛林小写字母并存，在公元 10 或 11 世纪达到顶峰。比如，有些文本用这种文字记录了唯一的抄件，其中包括塔西佗的《纪事》（*Historien*）。

在卡尔大帝的统治下，通过一项有意识的文字改革，文字在帝国内得到统一。这一文字改革始于宫廷学校的豪华字体。由此产生了一种容易辨认、统一的漂亮字体，只有少数连字和缩写，这就是加洛林小写字母。修道院之间紧密的联系促进了这种文字的统一。自此，经过长达四个世纪，这种文字确定了罗马古典学者文本的书写风格：

abcdefghilmnopqrstux

直到12世纪才产生了一种新的文字形式,即哥特体活字,并且分为两种形式:图书文字(Textura)和斜体字(Notula)。哥特体图书文字的典型特征在于:变换竖线,小写字母连接细致和笔画由上而下,增加相邻字母的连写和缩写。

aabcdefghilmnopqrstufyz

不过,由于人文主义者波吉奥的决定,加洛林小写字母的印刷字体最后产生了一种变化。这种文字形式出现在古代经典作家最初的 Aldina 印刷物里,间接影响了我们的小写文字。

abcdefghilmnopqrstuvx

三、文本考订

由于要克服流传过程中产生的错误,尽可能接近原文而修复文本(constititio textus),我们需要对文本作文本考订。文本考订这一表达首先表明,人们尝试根据由此推断出的作者的原文,以考订的眼光看待单一抄件中的文本。除了抄件作为文本流传的主要载体外,还应考虑到所谓的附传本,即引文和摘录、模仿、暗示和戏仿、改写和翻译,以及古代或中世纪的词典标注和对每一文本的评论。在特定情况下,也包括附带原始资料的印刷物和版本,比如,出版者使用了在此期间已经丢失的一份抄件,16世纪克吕奎于斯(Cruquius)出版贺拉斯的作品时,情况就如此。恰当的例子还有:昆体良作品中引用的一段维吉尔第四田园诗;阿里斯托芬对欧里庇得斯《海伦》的戏仿;亚里士多德《诗学》阿拉伯语译本和意大利语译本;多纳特(Donat)对泰伦斯谐剧的评论。

文本考订分为几个步骤:第一步(recensio[对校]):在收集和阅读文本材料后,考订并检验材料的相互关系,排除依赖已知抄件的材料,并确定剩余材料的相似点,目的在于找到传本中最可信的文本。第二步(examinatio[检验]):检验最可信的文本是否可以当作原件(就本义而言的传本)。如果不能,那么对其评价可分三种:好、可疑或差。假如传本极有可能不是原文,那么,在第三步就应当尝试通过对损坏的地方做修正(Konjektur[修订]),补充遗漏并删去(Athetese)不合法的添加(Interpolationen 改动),①进而修复出原始文本(emendatio, divinatio)。

1. 版本关系的对校

传本的载体有可能是仅存的材料(孤本,比如塔西佗的《纪事》和《编年纪事》保存下来的部分,以及米南德的《底斯可罗斯》[*Dyskolos*]),其文本就跟"传本"一致。如果出现几份文本材料,那么,首先要根据实际情况弄清这些材料相互间的关系,在抄写的时候有可能产生改动("redings of second origin"),比如词语的省略。这些历来都被称作"错误",尽管改动有可能是改正以前所犯的错误。如果确实是错误,人们称之为"转讹"。

如果抄写员每次只有唯一的范本,那么,最容易确定不同抄件

---

① 上述三个步骤与 P. Mas 的理论契合。Lachmann 提到了第一和第三步。G. Pasquali 指出这三个步骤总是交叉进行。

之间的关系。

考察最简单的情况:假如有两份抄件,唯一的范本在复制时可能出现三种情况:

B可能依赖A(1)或者A依赖B(2),或者没有哪一份抄件依赖另一份,更多情况是两份依赖同一份范本(3)。上面的示意图的线条象征性地表明了这种依赖性,但并未说明,是否直接依赖("抄写"),或者间接通过一或多个中间阶段的依赖。示意图简化了历史事实,但准确地阐明了对传本和对校起决定作用的因素。

考察"错误"可以弄清楚实际出现的是三种情况中的哪一种。从"错误"可以推断出抄件间的关系,依据地质学的"指示化石",人们将这些错误称为指示错误(errors significativi)。①马阿斯(P. Maas)将确定错误的方法作了如下说明:②

"一份材料(B)不依赖另一份材料(A)是通过A相对于B的偏差表明的,这些偏差不能通过修订取消。这样的错误可能叫作独立错误(errores saparativi)。"在此种情况下,上述例子中的第一种可能性排除在外。B相对于A的一个独立错误排除了第二种可能性。假如存在两种独立错误,则会有第三种可能性,因为第三种可能性已排除抄件A和B的相互依赖。

---

① "标准错误"也被称为"连接错误"。
② P. Mass,"Textkritik"[《文本考订》],1927,见 Gercke – Norden, *Einleitung in die Altert*, – *Wiss*. I 2,1960,页26。

"两份文本材料(B 和 C)相对于第三件(A)的同属性是通过材料 B 和 C 共同的错误表明的,极有可能 B 和 C 并非各自独立地犯这种错误。这样的错误可能叫作关联错误(errores coniunctivi)。"

通常情况下,在篇幅较长的文本中,起决定作用的不单单是唯一的一个"错误",还存在好些关联或独立错误,根据这些错误可以更加准确地弄清文本相互间的关系。在这些"错误"中,对证明文本相互间的依赖关系起关键作用的主要是遗漏、补充、混淆和调换。

在文本中,具有与"错误"类似作用的,也有可能是标题或者抄件插图的偏差。比如,标题偏差对贺拉斯的传本就很重要,插图偏差对一组泰伦斯的抄件很重要。书页的遗漏和调换也具有相同的作用。

当然,文本的外部材质对文本相互间的依赖关系也重要。当抄件 A 的材料特性或者字体特征很明显是抄件 B 中一个"错误"的缘由时,那么,凭此点就能证明依赖关系的指向性。比如,因为发现了细微的稻草,聪茨解决了欧里庇得斯传本中一个引起很多争论的问题。如果存在关联错误(无独立错误),就可以通过古文字学确定日期,凭此指出哪些材料可以考虑作为底本,哪些不可以。从注疏中也经常可以获取其他信息。

如果一份材料仅仅依赖于某个保存下来(或可修复)的样本,但却不可能成为有价值的修订的依据,那么,这份材料便毫无价值且被列为排除本(eliminatio codicum descriptorum)。① 也就是说,传本呈现了样本的状态(第一种情况是样本 A,第二种情况是样本 B)。假如两份材料都依赖同一个未保存下来的文本,那么两份材

---

① P. Mass,页 5。波利蒂安早就使用了这种方法。G. Pasquali 则指出应采取谨慎的措施(*Storia delia tradizione e critica del testo*,1952,页 23 – 40)。

料共同的部分就作为样本流传下来。对两份样本有偏差的地方,评注就只能从两种表达(异文,Varianten)中做出选择,以供审阅者做出判断。

假如有两份以上的抄件,那么抄件相互间的关系依照同样的规则来检验,前提条件是每次只复制了一份。这时可能出现的错误比较和文本依赖关系类型就可能增加许多倍。假如一份材料依赖另一份材料,就存在取消的可能性,只需考虑两份材料(如上所述)。否则有如下四种可能性:

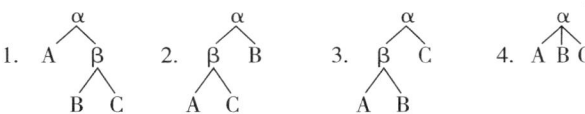

图中大写拉丁字母表示实际保存的文本材料(大多是抄件),小写希腊字母表示的是可能研究确定和可复制的底本。

就前三种情况而言,底本中的两种相对于其中一种,必须有一个关联错误。如第一种情况,文本 β 可以由 B 和 C 推断出,同样人们可以从文本 A 和 β 推断出 α。如果是三者独立(第四种情况),那么通常是两份抄件起决定作用,而第三份的异文被排除(eliminatio lectionum singularium)。在另外的条件下,个别的异文有可能作为所谓"假定的变体"而具有特殊的价值,关于此点下文将进一步论述。

通常有可能将抄件之间的依赖关系通过一谱系图表示出来,①如下图所示:

---

① 这一表达的前身是 J. A. Bengel 的"tabula genealogica",大约在 1730 年,他研究新约的文本流传时创造了这个表达。Lachmann 首先在研(转下页)

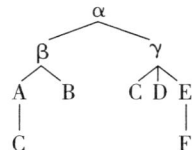

用此种方法可复制的最古老的底本(例 α)称为原版(一个自伊拉斯谟和斯卡利格尔以来就开始使用、被拉赫曼从术语上确定的概念),其他可复制的底本(例 β 和 γ)称为亚原版。从原版开始了谱系中的第一个分支。从中世纪的大量抄件来看,"在这一谱系中,流传的光束如同在聚光透镜里一样聚合在一起"。①

历史地看,假如所有可用的传本都是由原版得来的,这样的原版有时证明是最古老的小写字母抄件,这种情况主要出现在希腊文的范围。因为,在公元 9 世纪时,第一份小写字母修改的文本常常是由一份较好的古代底本改写成一份新的抄件,这份新的抄件又常常被当作唯一的底本用于以后的抄写。

有争议的是:1. 中世纪的原版是否有一份或多份底本? 两种可能性都不能排除在外。2. 如果在谱系中第一分支是从古代抄件开始的,那么是否应将此也当作原版?② 3. 通常情况下,单独的一份

(接上页)究同样的问题时继承了这一表达。1831 年,C. Zumpt 在其西塞罗 Verrinen 版中引入了"Stemma"这一表达。1850 年,Lachmann 在他的卢克莱修评论中从理论上解释了此概念和程序,此前,这一概念已被 Ritschl、Madvig 以及 1847 年被 Bernays 在卢克莱修的谱系中继承。相对于此前广泛流行的任意挑选手稿作为版本的基础,Lachmann 的方法先进很多。参见 S. Timpanaro, *La genesi del metodo del Lachmann*, Florenz, 1964。

① O. Seel, *Gnomon*[《日晷》], 1936, 页 20。
② 持这一观点的人还有 A. Dain。

抑或多份中世纪的抄件形成了继续流传的开端？在后一种情况中，"原版"这一概念按照拉赫曼的理解是无意义的①——在拉丁文的领域里尤其应考虑到此种可能性。

与上述问题紧密相关的是其他有关谱系方法的原则性问题。这一方法——马阿斯将其典范性地系统化了②——原则上只能用在"垂直"的文本流传上，据此，每个抄写者只利用唯一的一份底本，模式为：

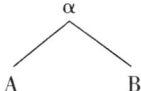

与此相反，在所谓"水平的"文本流传模式中，此种方法只是有条件地使用，即当一个或多个抄写员使用一份以上的底本时，模式为：

此种方法被称为错合，例子中的抄件 A 被称作"混合抄件"。

在此种情况下，底本的排除（eliminatio codicum）以及通过共同的错误清楚地与家族区分开来，是不可能的。因为没人确切地知道，一份底本的一个"错误"是否由另一份底本修正而来。因此，错合的文本材料并没有表明一份底本的特殊错误，另一方面却表明了

---

① 持这一观点的人还有 G. Pasquali；参见 O. Seel，[《日晷》]，前揭，页 20。

② P. Mass，《文本考订》，1927，1957。

另一份底本附加的"错误"。

由于这种原因,三种抄件独立的个别异文——假如异文更好,或者甚至明显正确——也能表明,这份抄件的抄写者使用了另外一份底本。由此,个别的异文作为所谓假定的变体具有了价值。"有如此变体的抄件不能被排除。"①

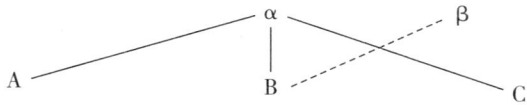

(错误的异文,如 C)(正确的异文)(错误的异文,如 A)

在古代,因为通常可以得到好几份文本相比较,所以,传本史上的这一时期一般不使用谱系表模式。尤其是拥有广大读者的作家的文本,在许多地方都产生了错合,比如,学校教材里经常读到的作家欧里庇得斯和泰伦斯。不过,即使在中世纪——如帕斯克瓦力(G. Pasquali)所观察到的,以及人们越来越清楚地认识到的——文本的错合也很常见,所以,人们应考虑比以往所估计到的更多的混合文本。这一论据也适用于原版的产生。如果在复制时有好些(古代的)底本相比较,人们就认为是开放式传本。这一点在希腊语范围内是常规。不过,贺拉斯的文本在流传中也有此种情况。但这并不排除存在一份中世纪原版的可能性。此外,长期通行的机械抄写法,作为惯例越来越成问题。抄本常常在知识渊博、思考语文学问题的人那里,或者在这些人的圈子里传阅。Codices interprolati[有抄写者修改的抄件]仅仅由于人们首先接受才更常见些。这同时也

---

① H. Erbse,*ALAW* Sp. 3022;参见 Mass,页 8。

意味着,文本流传的历史,部分地也是语文学的历史。①

此外,在个别情况下可证实,副本的起源就在作者自身,例如阿里斯托芬的《云》(*Wolken*)或者德尔图良的《护教篇》(*Apologeticum*)。②

不过,针对错合文本流传的情况,可以制定某些方法上的原则。首先,应注意现存的文本材料内异文的特定分类,比如相互依赖和不相互依赖的类别,同样也包括某个特定传本较早和较晚的变体以及唯一的载体。

在比较所有重要的抄件之后,才能判断抄件的质量和一份可能"最好的"抄件。不管怎样,一份抄件的质量绝不与其年代成正比,而是由其与原件的接近度决定。由帕斯克瓦力制定的"新而不差"(recentiores non deteriores)原则适用于中世纪和近现代早期的抄件(比如,劳仑提亚努斯[Laurentianus]35,卢克莱修31。但在许多情况下,正确的异文保证了质量)。假如在一份晚些时候的抄件中出现了好的异文,那么,就必须检验其是否代表了一独立的文本流传分支,或者是否包含了其抄录时期的正确修订。在后一种情况下,抄件可能作为传本材料对评注而言质量"变得越来越差";不过,在审阅和校订的范围内,对审阅者和校订者的思考来说,抄件可能是必需的。

---

① 参见 Reynolds – Wilson, *Scribes and Scholars*[《抄写员和学者》], Oxford, 1968, 1974(二版)。

② 参见 K. Dover, *Aristophanes Clouds*[《阿里斯托芬的〈云〉》], Oxford, 1968; C. Becker, *Tertullians Apologeticum, Werden und Leistung*[《德尔图良的〈护教篇〉:产生与成就》], München, 1954。一般情况:P. Pasquali, *Storia della tradizione e critica del testo*, Florenz, 1952(二版, 1934 年一版)和 H. Emonds, "Zweite Auflage im Altertum"[《古代的二版》],见 *Klassisch – philologische Studien* 14。

2. 传本史

通过审阅文本会有所发现，此外，尽可能完整地弄清一份文本在流传过程中的历史命运，有助于复制一份尽可能令人确信的文本。传本史这一概念指的是一文本从作者记录到第一次印刷的命运（editio princes）。传本史囊括了文本通过抄写流传的整个时期。对传本史的认识，以可观察的事实和可信的信息以及由这些材料得出的结论和推论为基础。只要传本史是以评注的事实和认识为前提条件，它就部分地是文本考订的结论，反之，也是进一步文本考订工作（审阅和校订）的前提条件。

首先，文本自身包含的证明材料可为厘清传本史所用，即主传本和副传本。由这二者还可推断出有关文本在手抄本开始流传之前的命运。[①]

除此之外，各种各样有关文本命运的外界资料和信息也具有重要意义：出版情形（记录、口授、出版者的工作、复写本）；传播和抄写的方法（演员使用的样本、范本的细致"修订版本"、用于传播的简单复本）；还有书籍形式和文字形式；[②]文本的使用方式（阅读物、论证事实和发表意见的来源、学校教材）；学校扮演了解、传播和修订文本的角色；以"版本"、评论、专题论著、语法或实质性解释为形式的语文学加工；最后是文本单个样本的历史命运（损坏、馈赠、出售、出借等）。

---

① 参见 F. Brunhölzl, *Zur Lukrez – Überlieferung*[《论卢克莱修传本》]，Hermes, 1962, 页97以下。

② 参见 o. Kap. 2.1 und 2.2。

此类资料和信息必须在普遍性的历史和文化史的发展框架内加以判断。

古希腊文本的传本史

在希腊文本的流传中,主要是早期,一些特殊情况尤为重要。是否在口头吟咏之外,荷马史诗也在它产生的时期就记录了下来——这一问题迄今都有争议。① 关于赫拉克利特,众所周知的一点是,他将自己作品的一份样本放在埃费索斯(Ephesos)的阿尔忒弥斯(Artemis)神殿保管。希腊肃剧大概早在其还是演出样本时就保管在剧院管理处,但是也以演员样本——后来也以阅读样本——的形式流传,在这些过程中当然也出现了讹传。公元前 3 世纪时,三位著名的肃剧作家埃斯库罗斯、索福克勒斯和欧里庇得斯的雅典城官方样本被借往亚历山大城,再也没有还回来;不过,这为三位肃剧作家文本的语文学修订提供了基础,由此也为我们研究传本史提供了出发点。

亚历山大语文学构成了几乎所有古希腊传本史的决定性因素:在此,荷马史诗、抒情诗、肃剧和古典谐剧,以文本考订和注释(解释见下文)的方式得到修订。这项工作渗透进各种形式的出版中:版次(ἔκδοσις)、绪论(ὑπόμνημα)、专题论著(σύγγραμμα)、词汇索引(λεξικόν)。帝制时期,这种语文学修订得以继续,在此,文本再版的一个新形式——缩写版本(ἐπιτομή)出现了。与此同时,还出现了越来越多的引文、摘录、模仿,最后还有文本或以古典作家选集形式出

---

① 参见 A. Heubeck 对此的论述:"Die homerische Frage"[《荷马史诗问题》], Darmstadt, 1974, 见 *Erträge der Forschung* 27。

现的部分文本的文选。

关于书籍形式的变化(文卷—古抄件)、古代后期书写材料的变化(莎草纸—羊皮纸)以及文字形式的变化,他处已有论及。① 在传本史中,还必须强调某些起着关键作用的重要过程:1. 古代的莎草纸卷转写为羊皮纸抄件,常常伴随文字形式的变化(按字母逐个改写),这发生在公元 4 或 5 世纪;2. 公元 9 世纪的文本由安色尔字体改写为小写字母。

在外部历史事件中,有一点尤为重要。公元前 48 年,亚历山大里亚图书馆虽然遭恺撒毁坏,但此前许多文本和语文学方法早已传到其他希腊语地区和罗马,因而希腊语文本的流传在这一时间也并未中断。只是到了民族大迁徙和阿拉伯人扩张的几百年里,文本流传才中断。那时,一些文本失传了,另外一些以译本的形式保存下来(叙利亚语、阿拉伯语、意大利语)。总之,公元 7 世纪和 8 世纪是文本流传的最黑暗时期。

公元 9 世纪,这种对文本流传不利的局面消除了。此时,在所谓的"拜占庭文艺复兴时期",大多数古代作家的作品被有计划地改写为小写字母抄件,这是以后所有传本的开端。是否每次只有一份文稿或多份作为底本使用,是否每次只复制一份或多份,对此我们不得而知。② 因而,必须考虑不同的处理方法。出于语文学方面的兴趣,有时是几份古代的文稿相比较并复制一份新的文稿(在一定情况下有异文)。在不同的时间、不同的地点,古代不同的文稿也有可能产生影响,从而复制另一种新文稿,例如,现存的柏拉图抄件

---

① 参见 o. Kap. 2.1 und 2.2 。
② 参见 o. S. 45f. 。

就大相径庭,类似的情况也出现在学校教材作者那里。

在公元 9 世纪的拜占庭,主教弗提奥斯(Photios)是从事此类语文学工作的代表人物,编排了在他范围内的阅读书籍,包括内容提要和简短的评论。此外,他自己还编撰了一部辞典,在拜占庭帝国内创建了古典语文学研究的持久传统,传本史上处处都能看到他的痕迹。这一传统一直延续到特瑞克里尼奥斯(Demetrios Triklinios),他亲自修改在他周围产生的抄件,同样也包括较早的抄件,加上新注疏,并由此标志性地决定了许多文本首版的最初形态。

拉丁文本的传本史

就书写材料、书籍形式和字体而言,拉丁语文本的前提条件与希腊语文本类似。一个关键的区别在于,罗马文学产生之初,同时在罗马就有了语文学和图书馆,只不过图书馆刚开始是私有的。后来,皇帝规定抄件用于大型的公共图书馆。

广泛的语文学兴趣有利于文本原件的保存。在斯提洛和恩尼乌斯之后,瓦罗进行语法研究和真伪考订,尤其是,公元 1 世纪的普鲁布斯修订重要作家(其中有普劳图斯、卢克莱修、维吉尔、贺拉斯)的作品,从而保存了真实文本。出版者同样审慎地对待作者身后遗留的材料,如西塞罗出版卢克莱修的作品,瓦里乌斯(Varius)出版维吉尔的作品。学校教材典范作家录产生于帝制早期,在随后一段时间广泛流传并添加了许多评注。从公元 2 世纪起,对史前文本的兴趣有利于这些文本的保存。

在西方,重要的时间段还包括莎草纸抄件改写为羊皮纸抄件的时期,基督徒和罗马异教元老圈子的兴趣对很多作家文本的保存起了决定性的作用。

民族大迁徙也对这一传统影响重大。不过,早期的卡西诺山修道院(圣本笃)和维瓦里姆(Vavarium)修道院(卡西奥多,Cassiodor)影响了其分支机构的建立,以致修道院后来都发展成为抄写和文化中心:在德国南部的弗兰克-巴伐利亚-阿雷曼地区和意大利北部的伦巴德(langobardisch)地区,主要来自英格兰和爱尔兰的传教士建立的修道院,传承了这一传统,并保存文本(卢克修尔[Luxeuil]、博比奥[Bobbio]、伽伦[St. Gallen]等)。

加洛林创新在好些方面对古代文本产生了有利的影响,学校和教育体制以及与之相关的对作家的认识和兴趣得到了更新。好的古文本和重要的文本收集在一起,用新小写字母仔细抄写。在这方面,卡尔大帝的宫廷图书馆起了重要作用。新的抄件为随后几百年的抄写打下了基础。中世纪晚期,人们开始逐渐疏远古代作家。根据不同的兴趣,在 14 世纪,意大利早期文艺复兴的代表人物对古罗马作家产生了兴趣,这点应在语文学史的范围内讨论。这就增加了人们对于收集古本及其抄件和阅读作家作品的兴趣,最后通过书籍印刷使其得到传播。

这里以贺拉斯为例说明一位作家的传本史。自 30 岁起,贺拉斯就亲自出版他的作品。纪元后的第一个世纪,语文学家普鲁布斯研究贺拉斯的文本。贺拉斯是否成为学校教材作家,我们不得而知。不管怎样,对他的作品,有诗韵学的研究和评注。后罗马时期,文法家当中出现的贺拉斯引文和普鲁登修斯对他的模仿,都足以说明这位作家的知名度。古代晚期可以找到一个马沃提乌斯(Mavortius,公元 6 世纪)的版本,以及两支(可能更多)延伸至中世纪的古代文本流传线索。贺拉斯文本在公元 7—8 世纪的命运,鲜为人知。凭靠科伦巴努(Columbanus)对贺拉斯的认识和对 Bernensis 古抄件爱尔兰字体的早期假设，人们认为，爱尔兰在贺拉斯文本的流传中起了重要作用，但今天已鲜有人持这种观点。保存最古老的抄件出自九世纪上半叶。从魏森堡（Weiβenburg）抄件 R 的第一位校订者（R）的字体上，可辨认出斯特拉波（Walahfried Strabo）的笔迹。Bernensis 古抄件肯定诞生于上莱茵地区。自公元 9 世纪晚期起又产生了其他抄本。首个印刷版在 1482 年发行。

在传本的出版者和纪事作家中，人们对准确的传本命运以及异文和抄件分类的可能性，迄今仍未达成共识。①

3. 审阅和校订

审阅

被评注作为最可信的文本而加以援引的一个传本——或毫无争议的或存有异文，其价值值得斟酌。如果文本无可指摘，就承认其为原始依据；如果有问题，就被视为不可靠；如果是极差，就只能验证为不可采用而需要修改。判断的准则首先是每一位作者的语言和修辞、思想和行文方式。这些方面部分地为阐释提供了前提条件。

---

① 参见 F. Klinger, *Über die Rezension der Horaz – Handschriften*[《论贺拉斯手稿的评注》], Hermes, 1935, 页 249 – 268 和页 361 – 403 (= *Studien zur griechischen und römischen Literatur*[《希腊和罗马文学的研究》], Zürich, 1964, 页 455 – 518); W. Peters, *Die Stellung der Handschriftenklasse Q in der Horaztradition*, Diss. [《贺拉斯流传中手稿 Q 的地位》], 博士论文, Hamburg, 1954。Ch. O. Brink, *Horace on Poetry, Band 2: The Ars Poetica*[《贺拉斯论诗（卷二）：〈诗艺〉》], Cambridge, 1971; I. Borzsak, *Zur Überlieferungsgeschichte des Horaz*[《论贺拉斯传本史》], *Acta Antiqua*, 1972, 页 77 – 93。

就语言而论,常常是"更难懂的"异文(lectio difficilior)——比如少见的或尤其深思熟虑的表达方式——比更可信、更容易损坏、"更简单"(常见和流行)的异文更受人喜爱。语言(语法、语义、格律)上的错误(异常)必须消除。与此相反,个别情况(独特性)——只要语言上可行,内容上有意义——可以得到承认。当然,人们会首先尝试通过比较为特殊情况提供依据。

在审阅的范围内,还必须比较文本的主传本和副传本,并据此而检验。在这一过程中,每次都应检验和断定个别情况。事实表明,昆体良(作为副传本的证人)就传达了正确的文本,维吉尔的《牧歌》(*Ekl.* 4.62f)"qui non risere parenti"以及李维文本的开始部分也是如此。

副传本常常独立于其他所有传本,但与它们具有同等价值。不过,必须首先检验这种独立性。同样,必须保证逐字引证。

校订

"校订的目标在于复制可能最好的文本"(埃尔布泽[H. Erbse]),亦即最贴近作者意图及其原初表达方式的文本。对方式和错误起源的诊断虽然不能保证正确的文本,但常常能帮助人们找到正确的文本。①

文本诞生的早期就有可能偏离原始文本,这种偏离可能由作者自己、行吟诗人、演员、出版者、未经作者同意的私下抄写或者由于

---

① H. Fränkel 提供了一个富有启发性的例子:*Einleitung zur kritischen Ausgabe der Argonautika des Apollonios*[《阿波罗尼俄斯的〈阿尔戈英雄纪〉评注版导论》],Göttingen,1964,页 23–25。

材料等引起。早在古代，凭记忆引证或者基督教作者对异教文本的使用，就经常使文本走样，而后又以错误的形式口头流传下去。书写者可能因外观、声音和思路上的原因而产生错误。常见的错误类型如下：① 1. 由抄件的特征（书写者或者某个时期）导致的错误；2. 由发音类似导致的错误；3. 省略，(a) 少量字母的省略，(b) 因为类似和相同而跳过，尤其是词尾和词首，(c) 一整行的省略；4. 添加，(a) 复写，(b) 注释（底本的页边或行间的批注）窜入；5. 调换字母、词语、诗行、句子或句子组成部分；6. 上下文引起的错误，比如形式类似或词语类似，或因错误记忆或先入为主导致的错误；7. 思维错误，比如对文本产生基督教的联想；8. 有意识的"改正"。

尝试复制文本的工作可能带来明显的改正（就本义而言的校订），或者带来有说服力的推测（根据推测对流传残本所作的修正），或者使人们认识到，采用所给的方法不可能产生完全的修正（locus desperatus bzw. "crux"）。

当必须清除不符合作者意图的偏差时，那么，尝试修改就应该考虑三个因素：内容、语言形式和文本形态，因此应满足下列三个条件（据韦斯特 [M. L. West]，页 53 以下）：

1. 所选择的文本应符合作者的思想意图，只要其意图在上下文表现出来。也就是说，应当以作者的"情况"及"思想"为出发点。②

2. 文本应当在语言（语音发展状况、词法、句法）、修辞和重要的技术因素（诗歌形式、散文韵律等）方面符合作者可能用以表达

---

① 参见 M. L. West, *Textual criticism and editiorial technique*[《文本考订及编辑技术》]，斯图加特，1973，页 55 以下。

② 参见 Reynold 162，引用如豪普特（Haupt）和豪斯曼（Housman）这些权威的引言。

自己思想的方式。

3. 应由推测出的文本原样直接或间接推导出所有的传本变体。上文所论及的错误类型对此很重要,这些错误类型之间也相互联系。

最简单的方法有:1. 仅仅修改标点符号(大多数古典文本本来就没有加标点。所以,读者应当自己加标点);2. 改变词的分离;3. 改变唯一一个字母;4. 取消缩写引起的误解;5. 调换词的位置。

马阿斯在给出了几点明显成功的修订指示后,①以此种观点结束了他的论述:"显然,方法不可教。"审阅恰好要求有创造力的眼光和推论的技术。可能产生的思考不可受规则的限制。

四、考订版

考订版尝试使读者阅读到尽可能真实的文本。读者同时应当知道,自己所读的文本以哪些原始资料为出处,在文本流传中出现了哪些异文,这些异文相互之间的关系怎样,文本经历了哪些流传命运,出版者在文本异文间作了哪些选择,以前和现在的出版者在损坏的地方做了哪些修订尝试。此处不应过多论及出版者的行为,②而应更多从使用者的角度出发。在每一考订版中,使用者都应该名副其实(editio maior)地找到三个部分:引言、文本和参考资料。

---

① P. Mass, *Textkritik*[《文本考订》],页 22。
② 参见雷诺尔德 162,引用了如豪普特和豪斯曼等权威专家的观点。

1. 版本的引言部分(Praefatio)

引言部分列举了文本的单个材料(抄件),并作了简短描述(P. Mass,前揭,页22)。此外,出版者还向读者说明,他了解何种形式的抄件,以及了解这些抄件的详尽程度。

接着,出版者在引言里尝试解释抄件相互间的关系。如果可能,他会用谱系图描述这种关系。此外,只要可能,他还会提供有关文本历史的资料和相互关联。

在此出现和文本随后使用的抄件符号(缩写名称)以及其他标记和缩写,都同样在引言得到解释。由此形成了恰当的惯例,即用大写(或小写)拉丁字母(A,B,V,P,K,L)——可能是帮助记忆——来标注保存的抄件。用小写希腊字母标注复制的亚原版,大多用大写希腊字母标注原版或相联系的一组。

近来,图书目录(参见 u. Kap. 6)也习惯标明此前所有重要的版本和它们的出版者,以及所有涉及文本或文本特定部分的构造的研究。①总之,引言应当包含读者理解文本,尤其是文本考异资料(见下文)所必需的一切信息。

在附有注释的版本中,引言部分还有如下说明:1. 有关作品传记和历史背景的信息,尤其是与重要历史事件有联系的作者传记,只要这些信息对作者和作品具有重要意义;2. 有关文本本身的材料和内容的前提条件,即关于每一文本材料和内容的文献或文学"来源"的说明;3. 效果和接受史的见证材料和内在联系,这里会谈

---

① 比如,欧里庇得斯,*Helena*[《海伦》],ed. Alt, Leipzig, 1963;西塞罗,*De Oratore*[《论演说家》],ed. Kumaniecki, Leipzig, 1969。

及使用、引用、模仿、戏仿和批判的问题;4. 有可能讨论一部文学作品的真伪问题。

2. 文本

原则上讲,文本内容会按原样全部印刷。在特殊情况下,会避免如下情况:比如,如果一文本的两个版本能相互比较,就可能同时印刷;两种语言的版本通常包含文本和对面书页的翻译版。

在书页文本的空白处通常记录有数字,韵律文本记录诗行的行数,散文记录每一页面的行数。此外,还标出了卷、章和段的传统划分(比如:Verg. Aen. II. 221 标出了维吉尔《埃涅阿斯纪》的卷数和诗歌行数,柏拉图 Men. 99e 标明的是柏拉图对话《美诺》[Menon]16 世纪斯特方[H. Stephanus]版本99页第五段)。当这些惯例证实有缺陷时,才应当被修改,因为改动通常会引起混乱。①

文本的正字法保证最大可能地忠实于原文,加标点符号则遵循现代规则,尽管现代语言不同的标点符号规则也存在一定的障碍。除传统的记行外,即使放弃口头流传的段落划分,文本中的段落也完全可以根据文意划分,尤其当文本不是原件,而是二级传本的时候。②对话性文本中,要么在对话内容之前标明说话者,要么在正文中用括号标明。

文本自身也会使用一系列的评注性符号,表明该文本与传本的

---

① 比如米南德的《萨莫斯女子》(*Samia*)就出现过此种情况。首先是 1905 年发现的残篇按行数记数,然后在 1969 年的首版和 Austin 版本中记录了人们新近熟知的行数,最后在 1971 年,整部戏剧推测的行数顺利地为 Jacques 版本提供了基础。

② 比如昆体良和塔西佗的文本就显示了这一问题。

关系:

( ) 文本材料缩写的延伸

〈 〉 推荐的补充(无遗漏 i. d. 抄件)

[ ] 遗漏和推荐的补充

{ } 按照出版者的意图应删去的

〚 〛 已经被作者删去的

⌊ ⌋ 只在副流传文本中存在的

+ + locus desperatus:出版者不能做出选择

…… 不可辨认的字母

xxxx 空缺字母

:或 – 更换说话者（此处也可标明人物名字）

出版者常常面临这样一个问题,即是否先考虑文本材料里确实存在的资料,抑或将阅读文本的简明易懂放在首位。针对此类情况,人们最近认可了如下观点,即在面临有把握的选择——首先是准确无误的补充——时优先考虑文本的易懂,而不是文献资料(参见:比如巴雷特[Barrett]出版的欧里庇得斯《希波吕托斯》[*Hippolytos*]的引言,或者桑德巴赫[Sandbach]出版的米南德作品)。当然,如果出版物针对的范围更广,而非仅仅面向学术研究的读者群和学校,那么,优先考虑文本的易懂是正确的。

3. 参考资料

文本考订的参考资料紧接着每页正文,可能也有其他文本考异资料,顺序如下: 1.(选择)记录了文本一定部分的样本和来源(Fontes)的参考资料; 2.(选择)指出模仿和引文(证据)的参考资料; 3.各种种情况下的考异资料; 4.(假如满足同一页的要求并只能在附有注释的版本里)对文本的评论,针对文本个别问题的语言和实际内容的解释。

考异资料的起始部分是列举相应的文本段落可使用的抄件(只要这些抄件与整个文本的抄件不相同)。可作为典范的是巴雷特出版的欧里庇得斯的《希波吕托斯》、克林纳(Klingner)出版的贺拉斯作品。

接着是对文本异文的描述,所有文本考订的准备工作都应在此作简明易懂、一目了然的概括。在此,读者应了解,出版者在有疑问的情况下决定做出哪些选择。除了传本的异文之外,出版者还会列举了校订和修正及其来源。

异文按如下方式注明:首先,通过标明诗节或行数指出位置;其次,引证异文的原文字句;最后,通过指出抄件及其符号,或者指出校订或修正的发现者,说明原文字句的来源。在记录这些内容后(也可能分开记录),如果没有更新,就标明最新异文的原文字句和出处。列举异文按如下顺序: 1. 主传本(原始抄件); 2. 副传本; 3. 根据意义的修正; 4. 有可能出现的相似的资料。在此,出版者可能再次一并列举他自己对文本资料的选择(肯定的考异资料),或只说明在他的文本中未采纳的资料(否定的考异资料)。在实际操作中,两种方法混合使用是合适的,即首先再次说明文本中采纳的异文其来源在传本之外,这样可以避免可能出自否定的考异资料而来源不清楚。

考异资料的语言是拉丁语。

下面以克林纳的贺拉斯版本为例:

SERM. 15

Exspectans comites, iam nox inducere terris

Umbras et caelo diffundere signa parabat: 10
Tum pueri nautis, pueris convicia nautae
Ingerere: 'huc adpelle'; 'trecentos inseris'; 'ohe,
iam satis est.' dum aes exigitur, dum mula ligatur,
tota abit hora. Mali culices ranaeque palustres
avertunt somnos; absentem cantat amicam 15
multa prolutus vappa nauta atque viator
certatim; tandem fessus dormire viator
incipit ac missae pastum retinacula mulae
nauta piger saxo religat stertitque supinus.
iamque dies aderat, nil cum procedere lintrem 20
sentimus, donec cerebrosus prosilit unus
ac mulae nautaeque caput lumbosque saligno
fuste dolat: quarta vix demum exponimur hora.
ora manusque tua lavimus, Feronia, lympha.
milia tum pransi tria repimus atque subimus 25
inpositum saxis late candentibus Anxur.
huc venturus erat Maecenas optimus atque
Cocceius, missi magnis de rebus uterque
legati, aversos soliti conponere amicos.
hie oculis ego nigra meis collyria lippus 30
inlinere. Interea Maecenas advenit atque
Cocceius Capitoque simul Fonteius, ad unguem
factus homo, Antomi, non ut magis alter, amicus.
Fundos Aufidio Lusco praetore libenter

linquimus, insani ridentes praemia scribae,　　　　　35
praetextam et latum clavum prunaeque vatillum.
in Mamurrarum lassi deinde urbe manemus,
Murena praebente domum, Capitone culinam.

24 Eutych, 5, 484, 29 ‖ 32 ad – 33hom. Serv. G. 2, 277 ‖ 35 Prisc. 2, 52, 17 ‖ 36 Serv. A. 11, 788

Ξ: C K acc. Interd. g ｜ Ψ: Fλ' PzR acc. interd. K ｜ Q: a γ EM acc. interd. R Q modo ad rec. Ξ, modo ad Ψ pertinet

15 cantat Ξ (acc. g) zR^2 ut cantat F λ' R^1 Q cf. Hermes 1935, 397, 2 ‖ 26 saxis late] late saxis Kga ｜ Anxur] anxyr Fλ' ‖ 36 vatillum Ξ (acc. g) Ψ [bati] (1) um R^2ϛ pars. codd. Serv., cf. Götz thes. gloss. VII 395 Bücheler Umbr. 63

这一版本的注释有两部分：证明栏和变体参考资料。证明栏的起始部分指出，文本的第 24 行引用的文法家是欧提契斯（Eutyches，公元 6 世纪）；欧提契斯的文本可在拉丁文法研究者凯尔（Keil）版本的第五卷找到。引文出现在第 484 页的 29 行。其他引文出自塞尔维乌斯（Servius）对维吉尔的《农事诗》（*Georgica*）的注释（第二卷，行 277）、普里西安（Priscian）语法和塞尔维乌斯的《埃涅阿斯纪》注释。从引文表 Thesaurus linguae Latinae［拉丁文献库］可以获悉作者和引用的方式。

异文参考资料首先指出抄件的类别。当页文本的流传线索 Ξ 由抄件 C 和 K 代表，有时附加 g（accedente inderdum）等。第一个异文涉及诗行 15。与肯定的考异资料相符，克林纳首先列举了他接

受的异文 *cantat*。异文 *cantat* 出现在流传线索 Ξ 中,亦即抄件 C 和 K(这里也是 g)中,以及其他两份抄件 z 和 R 中,在后者中是由第二位校对员记入的。接着提到另一个异文以及它出现其中的抄件。最后提到克林纳在 1935 年的《赫尔墨斯》(*Hermes*)第 397 页注释 2 对该处的解释。

4. 丛书和残篇辑佚

因为题目、体裁或时间而联系在一起的不同作者的文本以丛书方式付印,其单册有一个共同的书名。残篇辑佚也有类似的情形,大多根据体裁汇编在一起。这要求出版者注明不同的出处,有两种形式尤为重要:1. 以残篇形式保存的抄件(中世纪的古抄件或古代的莎草纸);2. 较后作者的文本,其中包含早期文本的引文。比如,米南德的谐剧是第一种形式,早期苏格拉底弟子或早期罗马纪事作家的残篇是第二种形式。

图书在版编目（CIP）数据

西方古典文献学发凡/刘小枫编.—北京：华夏出版社，2014.1
（西方传统：经典与解释）
ISBN 978-7-5080-7883-0

Ⅰ.①西… Ⅱ.①刘… Ⅲ.①古文献学－西方国家－文集 Ⅳ.①G256.1-53

中国版本图书馆CIP数据核字(2013)第262105号

西方古典文献学发凡

编　　者	刘小枫
译　　者	丰卫平
责任编辑	王霄翎
责任印制	刘　洋
出版发行	华夏出版社
经　　销	新华书店
印　　刷	北京建筑工业印刷厂南厂
装　　订	三河市李旗庄少明印装厂
版　　次	2014年1月北京第1版 2014年3月北京第1次印刷
开　　本	880×1230　1/32
印　　张	6
字　　数	140千字
定　　价	32.00元

华夏出版社　　地址:北京市东直门外香河园北里4号　　邮编:100028
　　　　　　　　网址:www.hxph.com.cn　　电话:(010)64663331(转)
若发现本版图书有印装质量问题，请与我社营销中心联系调换。

西方传统：经典与解释

Classici et Commentarii
HERMES
刘小枫◎主编

古今丛编

在西方的目光下
[英]康拉德 著

大学与博雅教育
落崖 编

恐惧与战栗
[丹麦]基尔克果 著

探究哲学与信仰——基尔克果与苏格拉底
[美]郝岚 著

穆佐书简
[奥]里尔克 著

撒路斯特与政治史学
刘小枫 编

民主的本性——托克维尔的政治哲学
[法]马南 著

希罗多德的王霸之辨
吴小锋 编/译

梅尔维尔的政治哲学——《切雷诺》及其解读
李小均 编/译

第二代智术师——罗马帝国早期的文化现象
安德森 著

英雄诗系笺释
[古希腊]荷马 著

统治的热望
——修昔底德笔下的阿尔喀比亚德和帝国政治
[美]福特 著

席勒美学的哲学背景
[美]维塞尔 著

雅典谐剧与逻各斯
——《云》中的修辞、谐剧性及语言暴力
[美]奥里根 著

莱园哲人伊壁鸠鲁
罗晓颖 选编

果戈里与鬼
[俄]梅列日科夫斯基 著

托尔斯泰与陀思妥耶夫斯基（第一卷）
[俄]梅列日科夫斯基 著

托尔斯泰与陀思妥耶夫斯基（第二卷）
[俄]梅列日科夫斯基 著

自传性反思
[德]沃格林 著

黑格尔与普世秩序
[美]希克斯 等著

新的方式与制度
——马基雅维利的《论李维》研究
[美]曼斯菲尔德 著

论埃及神学与哲学——伊希斯与俄赛里斯
[古希腊]普鲁塔克 著

凯撒的剑与笔
李世祥 编/译

纪念苏格拉底——哈曼文选
刘新利 选编

科耶夫的新拉丁帝国
[法]科耶夫 等著

夜颂中的革命和宗教——诺瓦利斯选集卷一
[德]诺瓦利斯 著

大革命与诗话小说——诺瓦利斯选集卷二
[德]诺瓦利斯 著

《利维坦》附录
[英]霍布斯 著

巨人与侏儒
[美]布鲁姆 著

或此或彼（上、下）
[丹麦]基尔克果 著

海德格尔与有限性思想（重订版）
刘小枫 选编

海德格尔式的现代神学
刘小枫 选编

走向古典诗学之路
——相遇与反思：与伯纳德特聚谈
[美]伯格 编

论宗教大法官的传说
[俄]罗赞诺夫 著

上帝国的信息
[德]拉加茨 著

双重束缚
[美]基拉尔 著

俄耳甫斯教祷歌
吴雅凌 编译

俄耳甫斯教辑语
吴雅凌 编译

黑格尔的观念论
[美]皮平 著

古今之争中的核心问题
[德]迈尔 著

浪漫派风格——施莱格尔批评文集
[德]施莱格尔 著

神圣的罪业
[美]伯纳德特 著

论永恒的智慧
[德]苏索 著

宗教经验种种
[美]詹姆斯 著

尼采反卢梭
[美]凯斯·安塞尔-皮尔逊 著

施米特对自由主义的批判
[美]约翰·麦考米克 著

舍勒思想评述
[美]弗林斯 著

诗与哲学之争
[美]罗森 著

基督教理论与现代
[德]特洛尔奇 著

亚历山大的克雷蒙
[意]塞尔瓦托·利拉 著

伊壁鸠鲁主义的政治哲学
[意]詹姆斯·尼古拉斯 著

神圣与世俗
[罗]伊利亚德 著

中世纪的心灵之旅——波纳文图拉神学著作选
[意]圣·波纳文图拉 著

弓弦与竖琴——从柏拉图解读《奥德赛》
[美]伯纳德特 著

论古人的智慧
[英]培根 著

希伯莱圣经历代注疏
　希腊化世界中的犹太人
　[英]威尔逊 著

　第一亚当和第二亚当
　[德]朋霍费尔 著

卢梭集
　论哲学生活的幸福
　[德]迈尔 著

　致博蒙书
　[法]卢梭 著

　政治制度论
　[法]卢梭 著

　哲学的自传——卢梭的《孤独漫步者的遐思》
　[法]卢梭 著

　文学与道德杂篇
　[法]卢梭 著

　设计论证——卢梭的《社会契约论》
　[美]吉尔丁 著

　卢梭的自然状态
　[美]普拉特纳 等著

　卢梭的榜样人生——作为政治哲学的《忏悔录》
　[美]凯利 著

柏拉图注疏集
　理想国
　[古希腊]柏拉图 著

　谁来教育老师——《普罗塔戈拉》发微
　刘小枫 编

　立法者的神学——柏拉图《法义》卷十绎读
　林志猛 编

　柏拉图对话中的神
　[德]薇依 著

　厄庇诺米斯
　[古希腊]柏拉图 著

　智慧与幸福——柏拉图的《厄庇诺米斯》
　程志敏 选编

　论柏拉图对话
　[德]施莱尔马赫 著

　柏拉图《美诺》疏证
　[美]克莱因 著

　神话诗人柏拉图
　张文涛 选编

人应该如何生活
[美]布鲁姆 著

阿尔喀比亚德
[古希腊]柏拉图 著

叙拉古的雅典异乡人
——柏拉图《书简七》探幽
彭磊 选编

阿威罗伊论《王制》
[阿拉伯]阿威罗伊 著

《王制》要义
刘小枫 选编

柏拉图的《会饮》
[古希腊]柏拉图 等著

苏格拉底的申辩
[古希腊]柏拉图 著

苏格拉底与政治共同体
[美]尼科尔斯 著

政制与美德——柏拉图《法义》疏解
[美]潘戈 著

《法义》导读
[法]卡斯代尔·布舒奇 著

论真理的本质
[德]海德格尔 著

哲人的无知
[德]费勃 著

米诺斯
[古希腊]柏拉图 著

亚里士多德注疏集

品格的技艺
[美]加佛 著

亚里士多德德基本概念
[德]海德格尔 著

《政治学》疏证
[意]托马斯·阿奎那 著

尼各马可伦理学义疏
——亚里士多德与苏格拉底的对话
[美]伯格 著

哲学之诗——亚里士多德《诗学》解诂
[美]戴维斯 著

对亚里士多德的现象学解释
[德]海德格尔 著

城邦与自然——亚里士多德与现代性
刘小枫 编

论诗术中篇义疏
[阿拉伯]阿威罗伊 著

哲学的政治——亚里士多德《政治学》疏证
[美]戴维斯 著

莱辛注疏集

汉堡剧评
[德]莱辛 著

关于悲剧的通信
[德]莱辛 著

《智者纳坦》研究版
[德]莱辛 等著

启蒙运动的内在问题——莱辛思想再释
[美]维塞尔 著

莱辛剧作七种
[德]莱辛 著

历史与启示——莱辛神学文选
[德]莱辛 著

论人类的教育——莱辛政治哲学文选
[德]莱辛 著

色诺芬注疏集

居鲁士的教育
[古希腊]色诺芬 著

驯服欲望——施特劳斯笔下的色诺芬撰述
[法]科耶夫 等著

论僭政——色诺芬《希耶罗》义疏
[美]施特劳斯 著

色诺芬的《会饮》
[古希腊]色诺芬 著

施特劳斯集

霍布斯的宗教批判
[美]列奥·施特劳斯 著

斯宾诺莎的宗教批判
[美]列奥·施特劳斯 著

门德尔松与莱辛
[美]列奥·施特劳斯 著

哲学与律法——论迈蒙尼德及其先驱
[美]列奥·施特劳斯 著

迫害与写作艺术
[美]列奥·施特劳斯 著

柏拉图式政治哲学研究
[美]列奥·施特劳斯 著

阅读施特劳斯
[美]斯密什 著

《会饮》讲疏
[美]列奥·施特劳斯 著

柏拉图《法义》的论辩与情节
[美]列奥·施特劳斯 著

什么是政治哲学
[美]列奥·施特劳斯 著

古典政治理性主义的重生
[美]列奥·施特劳斯 著

施特劳斯与流亡政治学
[美]谢帕德 著

犹太哲人与启蒙
——施特劳斯演讲与论文集：卷一
[美]列奥·施特劳斯 著

苏格拉底问题与现代性
——施特劳斯演讲与论文集：卷二
[美]列奥·施特劳斯 著

回归古典政治哲学——施特劳斯通信集
[美]列奥·施特劳斯 著

隐匿的对话——施米特与施特劳斯
[德]迈尔 著

苏格拉底与阿里斯托芬
[美]列奥·施特劳斯 著

尼采注疏集

尼采与基督教——尼采的《敌基督》论集
刘小枫 编

尼采眼中的苏格拉底
[美]丹豪瑟 著

尼采的使命——《善恶的彼岸》绎读
[美]朗佩特 著

尼采与现时代——解读培根、笛卡尔与尼采
[美]朗佩特 著

动物与超人之间的绳索
[德]A.彼珀 著

维吉尔注疏集

《埃涅阿斯纪》章义
王承教 选编

维吉尔的帝国
阿德勒 著

品达注疏集

幽暗的诱惑——品达、晦涩与古典传统
[美]汉密尔顿 著

新约历代经解

属灵的寓意
[古罗马]俄里根 著

赫西俄德集

神谱笺释
吴雅凌 撰

赫西俄德：神话之艺
[法]居代·德·拉孔波 等著

赫拉克勒斯之盾笺释
罗逍然 译笺

莎士比亚绎读

莎士比亚笔下的爱与友谊
[美]布鲁姆 著

莎士比亚戏剧与政治哲学
彭磊 选编

莎士比亚的政治盛典
[美]阿鲁里斯/苏利文 编

丹麦王子与马基雅维利
罗峰 选编

古希腊诗歌丛编

阿尔戈英雄纪
[古希腊]阿波罗尼俄斯 著

阿里斯托芬集

《阿卡奈人》笺释
[古希腊]阿里斯托芬 著

但丁集

但丁的圣约书
[美]霍金斯 著

美国宪政与古典传统

美国1787年宪法讲疏
[美]阿纳斯塔普罗 著

修昔底德集

修昔底德笔下的人性
[加]欧文 著

修昔底德笔下的演说
[美]斯塔特 著

古希腊政治理论
格雷纳 著

塔西佗集

塔西佗的政治史学
曾维术 编

古典学丛编

表演文化与雅典民主政制
[英]戈尔德希尔、奥斯本 编

西方古典文献学发凡
刘小枫 编

古典语文学常谈
克拉夫特 著

古希腊文学常谈
[英]多佛 等著

古希腊肃剧注疏集

希腊肃剧与政治哲学
[美]阿伦斯多夫 著

中国传统：经典与解释
Classici et Commentarii
华夏出版社
刘小枫 陈少明◎主编

中国传统：经典与解释

皇清经解提要
[清]沈豫 撰

冬灰录
[明]方以智 著

从公羊学论《春秋》的性质
阮芝生 撰

药地炮庄笺释·总论篇
[明]方以智 著

松阳讲义
[清]陆陇其 著

起凤书院答问
[清]姚永朴 撰

青原志略
[明]方以智 原编

冬炼三时传旧火——港台学人论方以智
邢益海 编

药地炮庄
[明]方以智 著

周礼疑义辨证
陈衍 撰

经学通论
[清]皮锡瑞 著

韩愈志
钱基博 著

论语辑释
陈大齐 著

《庄子·天下篇》注疏四种
张丰乾 编

荀子的辩说
陈文洁 著

古学经子——十一朝学术史述林
王锦民 著

经学以自治——王闿运春秋学思想研究
刘少虎 著

《铎书》校注
孙尚扬 肖清和 等校注

大学素质教育读本

古典诗文绎读 西学卷·古代编（上、下）
古典诗文绎读 西学卷·现代编（上、下）

经典与解释辑刊（刘小枫 陈少明 主编）

1 柏拉图的哲学戏剧
2 经典与解释的张力
3 康德与启蒙
4 荷尔德林的新神话
5 古典传统与自由教育
6 卢梭的苏格拉底主义
7 赫尔墨斯的计谋
8 苏格拉底问题

9　美德可教吗
10　马基雅维利的喜剧
11　回想托克维尔
12　阅读的德性
13　色诺芬的品味
14　政治哲学中的摩西
15　诗学解诂
16　柏拉图的真伪
17　修昔底德的春秋笔法
18　血气与政治
19　索福克勒斯与雅典启蒙
20　犹太教中的柏拉图门徒
21　莎士比亚笔下的王者
22　政治哲学中的莎士比亚
23　政治生活的限度与满足
24　雅典民主的谐剧
25　维柯与古今之争
26　霍布斯的修辞
27　埃斯库罗斯的神义论
28　施莱尔马赫的柏拉图
29　奥林匹亚的荣耀
30　笛卡尔的精灵
31　柏拉图与天人政治
32　海德格尔的政治时刻
33　荷马笔下的伦理
34　格劳秀斯与国际正义
35　西塞罗的苏格拉底
36　基尔克果的哲学与政治
37　《理想国》的内与外
38　诗艺与政治
39　律法与政治哲学
40　古今之间的但丁
41　柏拉图式的拉伯雷

刘小枫集

诗化哲学［重订本］
拯救与逍遥［修订本］
走向十字架上的真
这一代人的怕和爱［增订本］
现代性与现代中国：现代性社会理论绪论
沉重的肉身
圣灵降临的叙事［增订本］
罪与欠
西学断章
现代人及其敌人
儒教与民族国家
拣尽寒枝
施特劳斯的路标
重启古典诗学
共和与经纶
设计共和
卢梭与我们
好智之罪：普罗米修斯神话通释
民主与爱欲：柏拉图《会饮》绎读
民主与教化：柏拉图《普罗塔戈拉》绎读
巫阳招魂：《诗术》绎读

编修［博雅读本］

凯若斯：古希腊语文读本［全二册］
古希腊语文学述要
雅斯：古典拉丁语文读本
古典拉丁语文学述要
危微精一：政治法学原理九讲
琴瑟友之：钢琴与古典乐色十讲